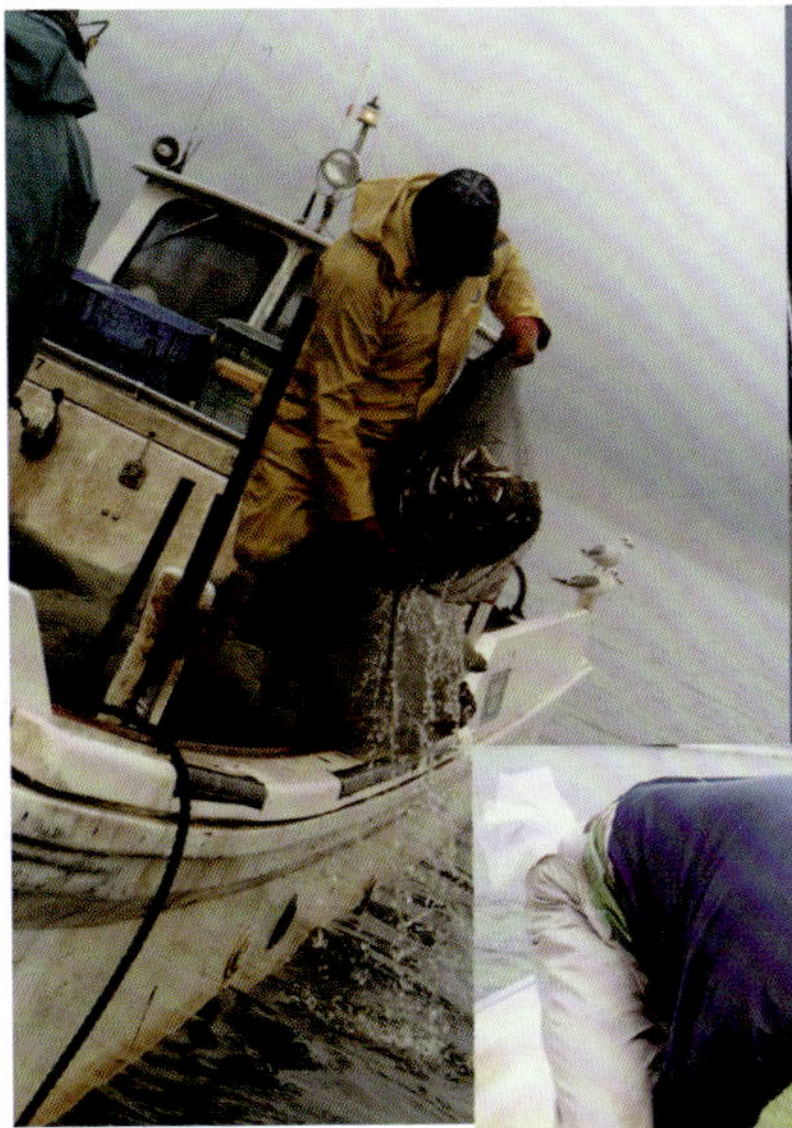

▲イサザ漁（琵琶湖、湖北町尾上の漁船）

▲魞《えり》のツボかき（びわ町大浜地先、市立長浜城歴史博物館 提供）

▶投網にかかったコイ

▲川魚店の店頭

（右上）コアユ、（右中）ニゴロブナ、（右下）ホンモロコ、（左上）イサザ、（左中）ウグイ、（左下）スジエビ

（右上）フナをさばく、（右中）コアユを煮る、（右下）ビワマスを炊き込む、
（左上）ハスの車切りを水にさらす、（左中）コイを飯とともに漬ける、（左下）モロコを焼く

湖北でおこなわれる行事、オコナイの膳（左上・フナの子まぶし、右上・コイの筒煮、右下・フナのあら汁）

栗東市大橋のドジョウずしの漬け込み。右上がドジョウ、右下がナマズ

淡海文庫 28

湖魚《こぎょ》と近江のくらし

滋賀の食事文化研究会 編

サンライズ出版

はじめに

滋賀で生まれ育った人々にとって、琵琶湖はかけがえのない大きな存在である。小さい時から琵琶湖は、魚をつかみ、泳ぎ、水とたわむれる場所であったし、生きていくための水、食料を供給してくれる恵みの湖であった。琵琶湖のことを話し出すと、夢中になる人が滋賀には多い。小さい頃、全身を使って琵琶湖で魚取りした想い出をかたり、湖魚のおいしさを語る。身体でその美味しさを覚えているから熱弁になる。酒の席でのフナずし談義もおもしろい。うちのフナずしはおいしい。よそのフナずしは塩辛すぎる。くさすぎる。酸っぱすぎる。あそこの味は格別おいしいなど、つきることがない。人々と琵琶湖とのつながりの深さを確認することができる。

湖や川にすむ淡水魚を利用する稲作と結びついた文化は、アジアで生まれた。そして馴《な》れずしという発酵食文化も生み出してきた。琵琶湖周辺は、その米と魚の融合した文化がみごとに花開いた場所である。滋賀の人々にとって、琵琶湖は、米と魚をもたらしてくれる恵みの源であった。琵琶湖があってこそ魚がすみ、琵琶湖があってこそ稲が実る。滋賀は、琵琶湖のおかげで、アジアに典型的な、同時に滋賀に固有な「米と魚」の文化が発展してきたのである。

琵琶湖の湖魚食文化は、淡水魚利用の総決算といっていいほど高度に利用法が確立されている。琵琶湖の水質は長くきれいに保たれてきたので、琵琶湖の魚は、川魚特有の臭みが少なく抜群に味がよい。それだけに淡水魚の利用法も高度に洗練され発展してきたといえる。

人々は琵琶湖と、そこに棲んでいる魚たちをこよなく愛してきた。その恵みをいただきながら、獲りつくさない独特の漁法で魚たちを守ってきた。人々が築きあげてきた湖畔のくらしと文化を、今一度学び直したいと思う。

目　次

第三章　祭りと琵琶湖の幸

第一章　琵琶湖と近江のくらし

▲姉川でとれたハス（びわ町南浜）

▼飯漬け前の洗って干してあるフナ（マキノ町）

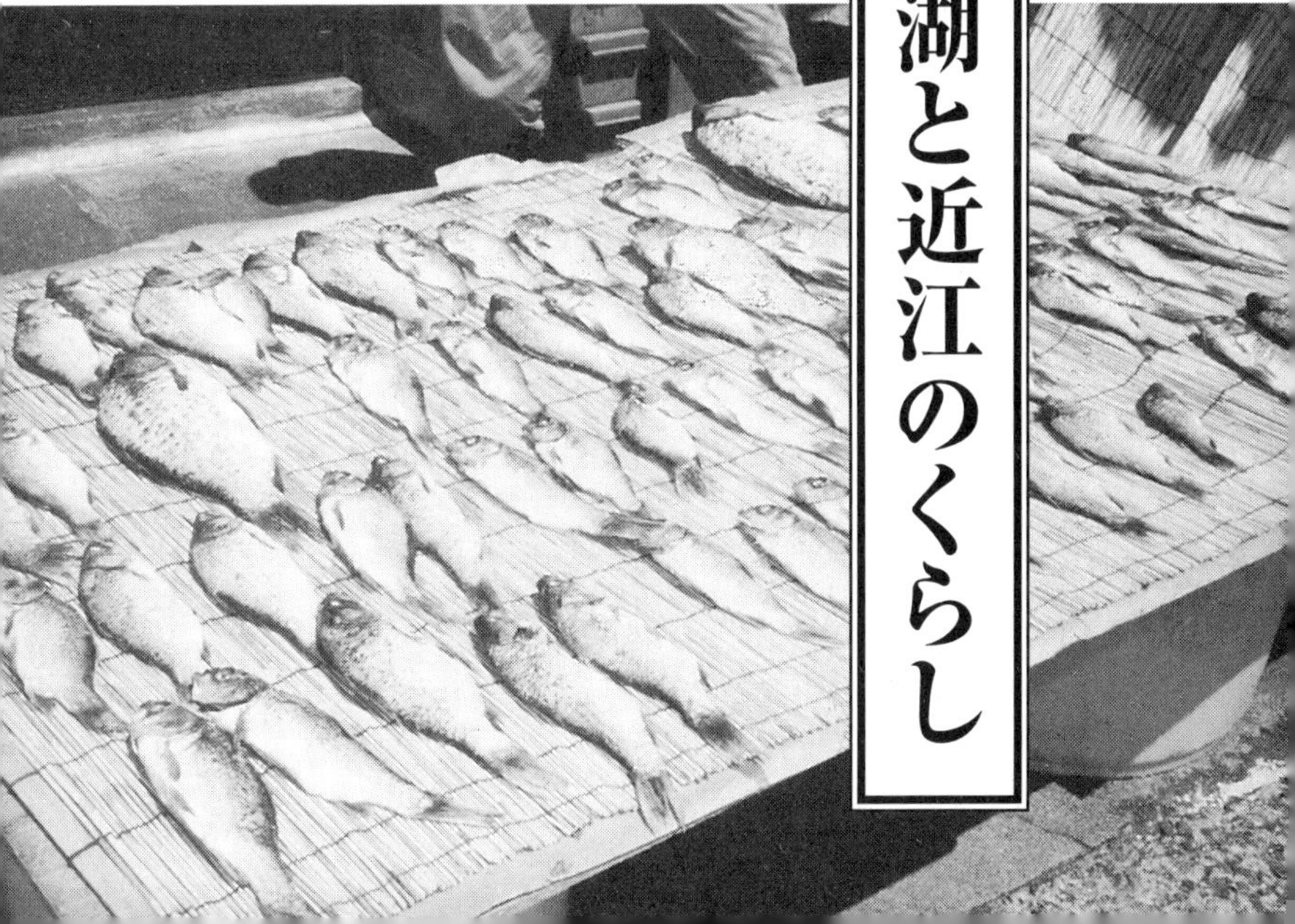

琵琶湖の固有種と伝統料理

琵琶湖と人のくらし

滋賀には日本一の淡水湖、琵琶湖がある。太古の昔から、琵琶湖の周りに住みついた人々は琵琶湖の幸で命をつないできた。縄文時代の粟津湖底遺跡や石山貝塚から、琵琶湖のセタシジミやフナなどが大量に食べられていたことが明らかにされている。人々は琵琶湖から飲料水や魚貝を得て、また生活用水や灌漑《かんがい》用水を得て、くらしを成り立たせてきた。

琵琶湖は滋賀の面積のおよそ六分の一を占め、総量二七五億トンともいわれる豊かな水量を擁している。琵琶湖はおよそ東西二〇キロメートル、南北六〇キロメートルにのび、北湖と南湖から成っている。北湖の最も深い所は一〇〇メートルもあり、下層の水は六℃くらいの低温を保っている。温度域が広い湖なので、低温層を好む魚たち、表面の暖かい水温層を好む魚たちが同時にすむことができ、多種類の魚貝類を育んできた。

琵琶湖岸にて。中央に見えるのは竹生島

琵琶湖は周囲を一〇〇〇メートル級の山々に囲まれており、滋賀県に降った雨水や雪はほぼ全量が琵琶湖に注ぎ込む。雨水は無数の小さな小川となり、やがて野洲川、日野川、愛知川、姉川、安曇川など大きな河川となって、琵琶湖に注ぎこんでいる。地下水となって数百年かけながら琵琶湖に注ぎこむ水もある。北の豪雪地帯の雪は春先まで山にとどまり、森を育てながら、琵琶湖の湖水となっていく。滋賀県に降りそそいだ雨水や雪が長い年月かかって、琵琶湖をつくりあげてきた。水質も長い間、貧栄養湖として、そのきれいさを保ってきた。

水の幸「米」と「魚」の食文化

アジアモンスーン地帯は降雨量が豊かで暖かく、稲が生まれ育ってきた土地である。米は主要作物の中でもとりわけ水を必要とする作物である。滋賀の地は夏場、高温で多雨になり、稲作に適している。特に琵琶湖周辺は水に恵まれ、稲作地帯が広がっている。雨水が川となり、川の周りに扇状地が形成され、琵琶湖の周囲に広い肥沃な水田地帯が生み出されてきた。

湖岸の水田は琵琶湖とつながっており、舟で行き来する田圃が多かった。雨が降り続いて琵琶湖が増水すると湖岸の田畑では作物が水に浸かってしまったり時には被害を被ることもあったが、琵琶湖は滋賀の人々にとって、米と魚をもたらしてくれる恵みの源であった。湖水があって魚がすみ、湖水があって稲が実る。滋賀県は、琵琶湖のおかげで、米と魚が滋賀の食文化の柱となってきたのである。現代でも水田の灌漑用水として、琵琶湖から揚水《ようすい》されている地域が多くあり、琵琶湖の水への依存度は高い。

田圃や川にあがってきた魚たち

ナマズやドジョウ、コイ、フナなど、琵琶湖にすむ魚たちは、湖だけでなく、田や川、内湖を生活圏にしてきた。水田でなじみの魚には、メダカ、ドジョウを筆頭にナマズやフナ、モロコなどがいる。ナマズ、フナのように、琵琶湖の周りの水田を産卵の場、子育ての場として選んでいる魚も多い。産卵期につがいで川を上り、田圃に入り、卵を産みつける。春から夏にかけて水田に張られた暖かい水は、外敵も少なく、稚魚のゆりかごとなった。田圃で育った稚魚はやがて自力で田から出て、川を下り、湖でくらす。魚たちにとっては、琵琶湖からひろがった連続水系が生活の場であり、繁殖の場であった。

湖水や川にすむ淡水魚は、小川や田圃、沼、池など身近なところに姿を現すので、海の魚に比べて日頃からなじみがある。子供たちの魚取りの対象となったり、手軽な釣りの対象として、人々に愛されてきた。女性たちも、瓶《びん》浸けや鉢《はち》浸けで魚を捕った。瓶や鉢に糠味噌などを仕込んでおくと、結構小魚が寄ってきて、いいおかずになった。川や沼、内湖でとれるアユ、モロコ、コイ、フナ、ナマズ、ウナギ、ドジョウ、タニシ、ドブガイも夕べのおかずとして食卓によく登場した。

琵琶湖では、春から夏にかけて、多くの魚たちが産卵期を迎え、一年中で最も魚がたくさん獲れる時期である。琵琶湖では刺し網や魞《えり》など、河川では簗《やな》漁が盛んになる。川、沼、池では投網《とあみ》で漁をする人もいる。五月、雨が降った後、湖岸の田圃では、フナやナマズを手づかみで獲ることができた。ナマズは蒲焼きやすき焼きにされ、フナはフナズシになった。ビワマスは琵琶湖の深いと

八日市市のため池で行われているオオギ漁。皆が手にしているのがオオギと呼ばれる漁具で、上部の穴から手を入れて魚をつかまえる（八日市市教育委員会 提供）

ころの低温層にすむが、産卵期には、故郷の川に登ってきて産卵する。

ビワマスは秋が産卵期であり、十月頃、雨の後に上がってくるので、「雨《あめ》の魚《いお》」として親しまれてきた。獲れたビワマスを御飯と炊き込んで「アメノイオ御飯」にしていただいた。

滋賀県には、湖東、湖南を中心に、ため池も多く存在する。ため池は農業用の灌漑用水としてつくられたものであるが、ため池の中に稚魚を放って育て、一年に一回、村中総出で魚獲りするところもあった。湖や大きな川が近くになくても、ため池で淡水魚を育てることができ、食卓にのせることができた。庭先の池や家の前の川で魚を飼う場合もある。滋賀は琵琶湖の魚貝を中心に、淡水魚利用が高度に発達した地域といえる。

琵琶湖の固有種に支えられた淡水魚文化

琵琶湖の魚たちは、もともと陸続きであった遠い昔にアジア大陸からやって来た。日本が大陸から離れ、魚たちは琵琶湖の中に閉じこめられ、独自の進化をとげていった。そして琵琶湖にしか

刺網の手入れをおこなう夫婦

いない固有種が生まれてきた。ニゴロブナ、ゲンゴロウブナ、ホンモロコ、ビワマス、イワトコナマズ、ビワコオオナマズ、ヒガイ、イサザ、セタシジミなどは琵琶湖を代表する固有種である。琵琶湖のコアユも準固有種である。

　これら固有種のほとんどが滋賀の伝統食品の柱となっている。煮魚、焼魚、馴《な》れずし、飴煮《あめに》、白豆煮、味噌汁の材料となり、滋賀独特の淡水魚文化を形成している。琵琶湖の魚は、もともと水質のきれいなところにすんでいるので味がよい。人々はこれらの魚をこよなく愛し、その一部をいただきながら、獲りつくさない独特の漁法で魚たちを守ってきた。

　琵琶湖の漁業はほとんどが、半農半漁のおかずとり漁業といわれるほど零細な規模のものであった。舟で獲る場合も夫婦二人の場合が多く、家族労働であった。琵琶湖は淡水湖としては大きいが、漁業規模から見ると二七五億トンの水量は少なく、海を相手にする漁業とは本質的に異なる。琵琶湖では、大規模漁業の存立は不可能であった。漁獲物の販路もセタシジミが京都・大阪へ出荷されたり、稚アユが種苗《しゅびょう》として全国の河川に運ばれる以外は、

魚揚げ場で魚を売る

地場消費型であり、魚揚《うおあ》げ場の近隣一〇キロ圏内で行商されていった。そういう琵琶湖の大きさからくる細々とした零細漁業が琵琶湖のスケールには合っており、それが琵琶湖の魚貝類資源を長く守ってきたといえる。なお、魚揚げ場は、正確な漁獲量を把握するため、知事指定の場所に限られている。

琵琶湖では、伝統的な漁法が四〇近くもあり、これだけ多彩な漁法がある湖は少ないといわれている。琵琶湖漁法の特徴は、湖面や川面に竹簀《たけす》を建て、そこに入り込んだ魚をとらえる魞、簗漁法、そしてウエ、タツベ、モンドリといった漁具でとらえる定置網漁法が発達してきたことにある。これらは魞、簗のように仕掛けを作ったり、タツベも静置して、入ってきた魚をとりにいけばよい典型的な「待ちの漁法」である。アジア全域の河川や湖水系に共通する淡水魚漁法であり、農業のかたわら漁業をやっている地域に特徴的な漁法である。つまり農業の延長線上に漁業が成り立っているところに特徴がある。この「待ちの漁法」は、シンプルで原始的な漁法ではあるが、魚たちを獲りつくさない漁法として、優れたものであった。

さまざまな漁具。手前から順にエビタツベ、ウエ（モジ）、コイタツベ、網モンドリ。右上が小糸網

琵琶湖の幸を柱にした滋賀の食の特徴

滋賀の食生活の特徴は、まず第一においしい米の産地であることである。近江は昔から近畿の米倉で、水田稲作が発達し、全国的にも水田比率が高い特徴を持っている。第二の特徴は、琵琶湖の豊富な淡水魚に恵まれていることで、琵琶湖の淡水産資源を最大限に利用してきた。第三点として、野菜、豆類、芋類が豊富にとれ、自給できることがあげられる。

琵琶湖周辺の食生活は豊かな米と淡水魚の組合せを軸に構成されており、栄養的にバランスのとれた優れた食事パターンを形成している。戦前の日本食は良質のたんぱく質とカルシウムと脂質が不足していたのが特徴であるが、琵琶湖周辺では湖魚を食べることによって、それらの供給がはかれ、人々の健康に大きく貢献してきた。たんぱく質、カルシウムをしっかり摂取できる地域は伝統的に身長が高く、骨太で、やせて見えても体重はあり、他地域より寿命も長いといわれている。

滋賀県の中でも淡水魚の消費量には顕著な地域差がみられる。

湖岸から離れるにしたがって湖魚を食べる量と頻度は落ちていく。琵琶湖の周辺地域が高く、中域平野部で低くなり、周辺山系地帯ではさらに低くなる。昭和三十五年頃までは滋賀県内に湖魚を行商する人が多くいたので、農村部でも琵琶湖の幸に恵まれた。奥深い山村では、琵琶湖の魚貝類を食べることは難しかったが、川でイワナやアマゴをとって食卓にのせた。

琵琶湖で開花した淡水魚の馴れずし文化

アジアで生まれた魚加工法として注目したいのは淡水魚の漬け物「馴れずし」である。馴れずしは、魚を御飯で漬けて加工する方法で、高温で多湿となる気候の中で、生の魚を保存貯蔵するために発達してきた手法である。琵琶湖の周りでは、フナをはじめとして多様な魚を馴れずしに漬ける。ハス、ウグイ、ワタカ、オイカワ、アユ、モロコなどは、琵琶湖の周りどこでも馴れずしにされる。さらにコイ、ビワマス、ドジョウ、ナマズまで馴れずしにする地域がある。琵琶湖では春から夏にかけて集中して魚がとれる。鮮度の落ちやすい淡水魚を貯蔵しておくには、馴れずしという乳酸発酵法はきわめて有効であった。魚を数カ月塩漬けにしておく。その後、御飯といっしょに漬け込んで発酵させる。大きい魚は数カ月から一年かけて馴れずしにする。小魚は御飯と二週間ほど漬けるだけで、食べられるようになる。

滋賀の淡水魚の馴れずし文化は稲作とほぼ同時に始まったと考えられ、すたれることなく現代まで続いている。この琵琶湖の辺りの「馴れずし文化」は、琵琶湖で魚がとれ、おいしい米が豊富にとれる土地柄だからこそ可能になった加工法である。農家が魚捕りをするという半農半漁の生業の中でこそ発達した手法であるといえる。

湖魚をおいしく丸ごと食べる工夫

滋賀では、コアユをはじめ、ゴリ、モロコ、ハス、イサザ、エビ、コイで飴煮や煮物をよく作る。魚の飴煮や醤油煮の種類が豊富である。特に時間をかけて骨ごと食べられるようにした煮物が多く、栄養的にも優れ、良質のたんぱく質、脂質、カルシウムの給源になってきた。

ウグイ味噌

豆煮、味噌煮、味噌汁など大豆と合わせる料理も多い。イサザ豆、エビ豆はおいしさの点でも定評がある。味噌煮も豊富で、骨ごと味噌で煮込んで作るウグイ味噌、マス味噌、フナ味噌などがあり、御飯のつけ味噌にされる。焼いてから田楽味噌で食べたり、辛子酢味噌で和えたり、味噌蒸しにしたりと、豆との組合せも多様である。

他に刺身、背ごし、焼き魚、蒸し煮、酢和え、甘酢づけ、揚げ物、炊込み御飯など、湖魚をおいしく食べる伝統的な料理法がたくさんある。琵琶湖の湖魚食文化は、淡水魚利用の総決算といっていいほど多様な利用法が確立されてきており、人々と琵琶湖とのつながりの深さを確認することができる。

（堀）

川遊びと魚とり

川に入り魚をとる行為は「川入《はい》り」とも言われ、子供たちにとっては魅力のある遊びである。それは涼味を覚え、魚との知恵くらべをし、さまざまな動植物の生態を自ずと学び、自然の観察力と生きる力を育くんでくれる。ここでは、昭和四十年頃までによく見られた魚貝類の捕獲法について、以下に記してみることにしたい。

手づかみ

石垣のすき間や藻の下にたむろしている魚を手を突っ込んで、素手でつかまえる漁法を言う。ザリガニに手をはさまれるのはまだよしとしても、石垣の奥にはヘビがひそんでいる可能性もあり、こわごわしたものである。

網掛け

径三〇センチくらいの丸い針金の枠に、木綿糸製の網がつけら

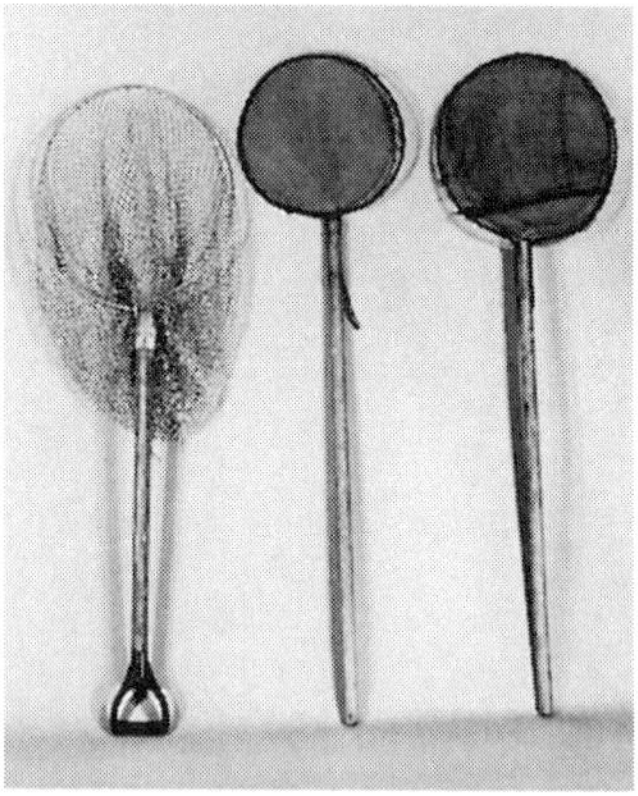

各種のタモ網（びわ町大浜。この項の写真はすべて市立長浜城歴史博物館 提供）

れ、それに一メートルくらいの竹の柄や二〇センチほどの木製の取っ手が取りつけられた「タモアミ」が村の店に売られていた。この網の枠を曲げて四角にし、川の側壁に密着できるように手を加えた。網を川中に固定し、右手に持った一メートルほどの竹の棒（「バイ」と言った）で、前方から網に向けて魚を追い寄せる。バイのない時は、左手で網を固定し、左足を軸足にして、右足で前の方から網の方へ勢いよく魚を追い込んでとらえた。この漁法を「網掛け」と言った。網にはこの他、木綿製の大きな網の口を、竹で弓形にした枠にくくりつけ、中心部には網の口底を押さえるための竹の棒を取りつけた大型の網があった。網の口底が川底にぴったりと固定され、網の底部が流れにそって大きく広がっていないと魚はとれなかった。

待《ま》ち網（マッチャミ）

この網は三～四センチ角の目の荒い網で、もっぱら大物ねらいのものである。袋状の網の口を弓形に曲げた竹枠に取りつけたもので、大水が出ると木橋の上からこの網をおろし、川上から下がってくる魚を手ごたえのみでひき上げる漁法である。

川は濁っているので魚影は見えず、手に伝わる衝撃をひたすら待つことからこの名がある。大きなコイやフナがかかったが、あまり大きな川ではできず、足をすべらせ濁流に落ちる危険性もあるので、大人で特定の人しかこの漁法をする人はなかった。

掻《か》い取り

掻い取りは何人かで組んで行なった。網、バケツ、古むしろ、スコップ、平鍬《ひらぐわ》などを用意し、水量の少ない時、魚のいそうな深みのある場所を選んで行なった。深みの川上と川下をムシロで塞ぎ止めて魚が逃げないようにし、一方、川の流れは干上がった中洲に水路をつけて川下へ放流した。深みの水はバケツで下流へ掻い出したが、水量が少なくなってくると、バケツの中に魚も入ってくるので、網を広げてその中にバケツの水をあけた。

水の減少とともに、魚の背鰭《せびれ》が水面に出てくるので、手づかみで大きな魚がつかまえられた。

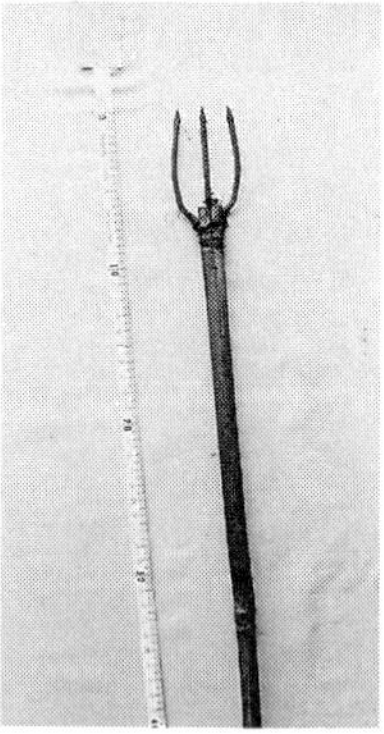

ヤス

ヤスとヤス鉄砲

大人は、切っ先の幅一〇センチ、柄の長さ三・〇メートルくらいの大きなヤスを使っていた。子供用はその半分くらいのもので、一・五メートルくらいの竹の柄がついていた。ヤスは川の水量が少なく、魚の動きが自由にならない時に有効な漁具である。大水が出て、田の中や小川に遡上《そじょう》してきたコイやナマズやマスが、水がひいても逃げ遅れている時には、この漁具が大いに役立った。かつて、小川にマスが横だおしになっているのを農作業に出かけた母が見つけ、急いで帰宅して父に告げた。父は「それ」とばかりにヤスを肩にかけて現場に急行し、一突きで仕留めたが、ヤスで成功したのはこの時一回きりだと話していた。ヤスは子供が使うには危険な漁具で、使用にあたっては絶えず注意するよう親から言われていた。

昭和三十四～三十五年頃、ヤス鉄砲が一時流行した。ヤスの柄に自転車の古チューブをくくりつけ、その伸縮力を利用して、モリを打つように魚に向けて発射するもので、危険なためすぐ使用禁止となった。なお、魚は夜間は動きが鈍くなるので、カーバイトランプを点灯し、川中の魚を見つけてはヤスで突いている人もいた。

釣り（魚《さかな》つり・魚《うお》つり）

魚つりは二～三メートルくらいの長さの竹棹（市販品には三本つぎ～五本つぎのものもあった）に、木綿《もめん》糸またはナイロン製の糸をくくりつけ、それにゴム管を通し浮子《うき》を固定した。糸の末端には、釣り針より五～六センチ上に鉛《なまり》のおもり（シジミとも言った）をくくりつけたものを連結した。浮子が水面に横倒しの状態で浮けば水深が浅い証拠で、浮子を針の方に下げて調整を行なった。魚のエサにはミミズやサシ、ご飯粒を用いた。サシは、サバの頭などを土中に浅く埋めておくと銀バエがこれに産卵するが、七～八ミリほどに成長したハエの幼虫のことをいう。ご飯粒は針から離れやすい上に、小魚しか釣れなかった。そこで、子供たちがもっぱら使用したエサはミミズであった。生ゴミの捨て場を掘りかえすと赤いミミズ（シマミミズと言った）や青黒い色のミミズ（泥ミミズと言った）がいたが、前者の方がよく魚がくいついた。

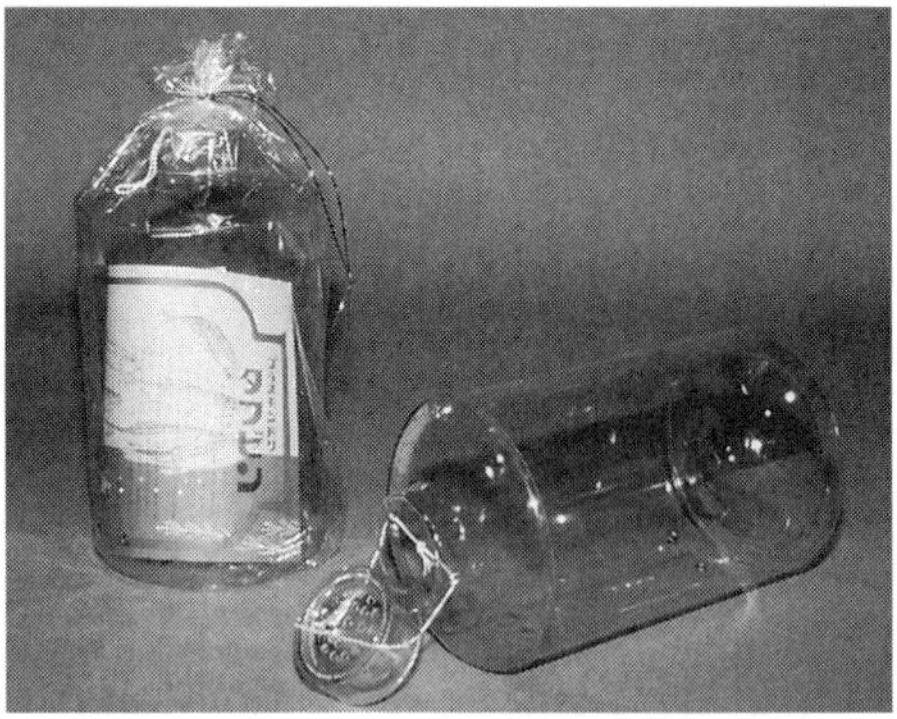

びんつけのびん（近年のプラスチック製）

浮子をペタリと水面に横倒しし、斜めにウロ（魚がかくれすんでいる場所）に向けて勢いよくひく魚や、浮子をピクピク上下に小さく動かしてから、すーっと下方へひく魚がいて、魚の習性も自然と学びとることができた。

びんつけ（瓶浸け）

びんつけのびんは、高さ三〇～四〇センチほどの徳利型の透明なガラスびんで、底に五百円玉大の丸い穴があけられている。形態からみて、竹製の筌《うけ》という漁具から考案されたものと考えられる。びんの口は布またはワラ束でふさぎ、底から魚のエサを入れる。エサには蚕《かいこ》の蛹《さなぎ》の粉末がよく、この他に糠《ぬか》漬の床や、空炒りした米糠を用いた。

魚の通路を見定め、川底の砂を少し掘ってびんを固定する場所を決める。ビン底よりエサを入れ、少量の水を加えてよく振り、全体を水中に沈めると、底の穴から水が入り込む。ビン中の空げきの部分は、口のフタをとってそこから水をつけたす。びん底を川下の方向にして川底に置き、びんの上に握りこぶし大の石をいくつも置いてびんの流れ去るのを防ぐ。人影があると魚が入らないので、一時間ほど経過してから見に行くと、びんの中で魚がぐるぐると回転しているのが見える。川下よりそっとびんに近づき、びん底の穴に手の親指をさし込んでから石を除いてびんを持ち上げる。魚は竹製の手カゴやドンベカゴの中に、口の方から水とともに一気にあける。この漁法は誠に心楽しいものであったが、びんが浸かっているのを知らずに踏み割ってケガをする人が出て、使用が禁止になった。その後、プラスチック製のものが売りに出されたことがある。びんに入る魚と入らない魚がいて不思議に思っていたが、後年、それは食性の違いであったことを知って長年の疑問が解けた。

ウナギ釣り

ウナギ針は、店で売られている釣針の最大のものであった。この針にイカ糸（タコ糸）を結びつけ、エサにウナギドジョウを取りつける。細竹の先端に針先をかませて、石垣のすき間（ウロ）の奥まで針を送り、細竹をそっと抜く。糸の末端は道端の杭や木

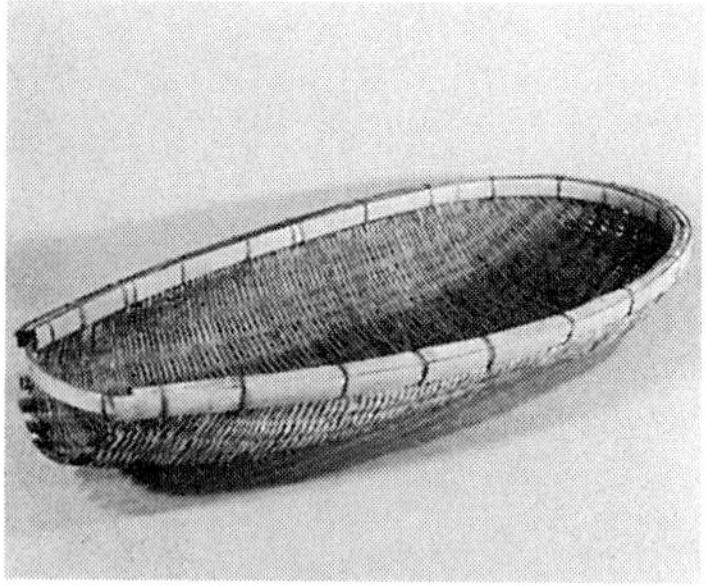

ショウケ（本来は獲れた魚の選別などに使われた。びわ町大浜）

の株にくくりつけておく。翌朝糸をたぐり寄せるとウナギがかかっている。ウロより出まいとするウナギの抵抗力が、糸を通して指先に伝わる時の感触は何ものにも換えがたい。

カゴ漬け

竹製の手カゴまたはザル（ショウケ、またはソウケとも言った）を、水田の水口《みなくち》（水をとり込むところ）辺に田面と同じくらいの高さにおさえこんで沈める。水口より迷い込んだ魚がこのザルの中に入り込むという簡単な漁法である。モロコ、タナゴ、小ブナ（ガンゾ）などがよくとれた。

丼浸け（ドンブリ浸け）

丼茶碗の中に炒り米糠や、こげ飯などを少し入れ、その上を古手ぬぐいで覆って茶碗の底でくくりつける。丼を元の状態にもどし、丼の中央あたりの布に三～四センチほどの切れ込みをつけ川底に沈めておく。魚はエサを求めて切れ込みからドンブリの中に入り込むので簡単に魚がつかまえられる。

毒流し

夏休みの昼寝の時分に、「毒流しゃー」という子供の声が聞こえる。川へ急ぐと、腹を上にして死んだ魚や、鰓《えら》をパクパクさせた魚が川上から流れてくる。タモ網ですくえばたやすく拾いとることができた。ただ魚を殺す目的で農薬を川の中に投げ込む者と、農薬散布後の器具類を洗っていて起きてしまうこともある。魚を食べる目的でする場合は、生石灰を投入したりサンショを用いたりする方法もあったようである。

この漁法は、川に棲息《せいそく》する生物を皆殺しにするので禁止されているが、昭和三十年代には時々行なわれていた。警察が、川の中の死魚の分布をたどって、上流まで調べに行っていたのを覚えている。魚の死因がわかるまで、拾った魚は食べられなかった。

電殺

自転車のマグネットランプの線をはずし、その先端を魚のひそんでいそうなウロに突っ込み、自転車のスタンドを立ててペダル

シジミカキ（長浜市）

を勢いよく踏む。発電器から電流が流れて、魚が感電して浮上するというもので、仲間と実施したことがあるが魚はとれなかった。こうしたやり方や、自転車のバッテリーを使ったやり方は危険なため禁止されている。

貝類のとり方

シジミは砂地の川底や湖の浅瀬にいるので容易につかまえることができた。漁師は、シジミ掻《か》き用の網（タモ網の大型のもので、枠に櫛《くし》状のレーキがついている）を用いたり、湖底を網曳きしてとった。とれたシジミを釜ゆでにし、貝殻と身を分離する機械にかけて「むき身シジミ」として出荷したり、生きたままカマスに詰めて出荷した。昭和三十年代までは、シジミ漁に出ると短時間で、舟が沈むかと心配するほどシジミがとれたようであるが、水田に殺虫剤や除草剤ＰＣＰ（ペンタクロロフェノール）等が散布されるようになってから、貝類が激減したので、魚毒性の強い農薬の使用が禁止される一方、小さいシジミはとらないような規制も行なわれるようになった。

小川の砂地で、うっすらと口を開けたドロガイをよく見かけた。エノコロ草の茎をその中に突っ込むと口を閉じるので、簡単に釣り上げることができた。泥を吐かせてから湯煮して貝殻から身をはがし、土ショウガの千切りを加えて、砂糖と醤油で煮て食べた。肉質はやわらかく美味しいものであった。戦時中、入江《いりえ》内湖（米原町）の干拓地で径一〇センチ以上の貝がとれ、カマスに入れ荷車に積んで持ち帰られ食用にされた。当初はこの大貝を口にする人がいなかったが、干拓地で労働を強《し》いられていた欧米の捕虜が口にしたことから、地元民も食べ出したと言われている。

イシガイはシジミより大きい貝で、肉質もかたく、かみごたえのある美味しい貝である。ショウガを加え、酒、砂糖、醤油で味付けして煮ると美味しい。すまし汁の具にされることもある。

タニシは水田の中でよく見かけた。足跡のくぼみに何匹も集まっているのを目にしたことがある。大人になって串煮や佃煮になっているタニシを見て驚かされた。食用になるとは思っていなかったからである。タニシを集めてきて風呂の残り水を熱くして煮あげるという話を聞いて、一瞬のどがつまる思いをしたことがある。（粕）

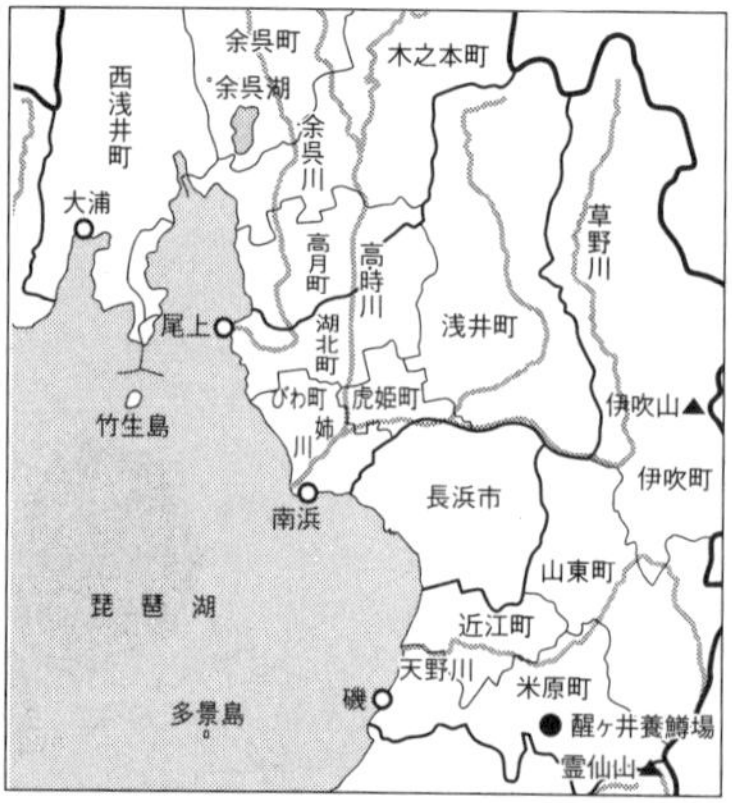

湖魚のあるくらし

湖北のくらしと湖魚

湖北地域は県の北東部に位置し、長浜市、坂田郡、東浅井郡、伊香郡の一市一二町の地域である。一市六町が琵琶湖に面しており、他の六町は中山間を含む地域である。気候は、日本海型気候に属し、比較的降雨・降雪日数が多く、冬季はかなりの積雪を記録する。晩秋期には湖北特有のしぐれがみられ、湖北の風土を形成している。

管内の中心となる長浜市から名古屋市および京都市まで約八〇キロメートル、大阪市まで一二〇キロメートルの距離にある。鉄道および幹線道路が管内で交差・分岐するなど、北陸・中京・京阪神経済圏の中間に位置する交通の要所といえる。

昭和三十年代までは湖辺地帯での主な生業は農業で、水稲と養《よう》蚕《さん》が行われ、副業として漁業が営まれてきた。尾上漁港（湖北町）、南浜（びわ町）を中心に優れた漁港に恵まれている。竹生島の周

湖北のオコナイの膳。フナの子まぶし、コイの筒煮、フナのあら汁などが並ぶ

辺は湖底も深く、水質にも恵まれ、豊かな琵琶湖固有種が多くすみついている。特にアユ、フナ、ビワマス、イサザ、ウグイ、スジエビ、シジミがよく獲れるのでこれらの伝統料理が残っている。

湖辺地域や川筋で魚の捕れるところでは、農業の傍らおかずとりの漁業が行われており（ただし、湖北町、びわ町には専業の漁師も四〜五名ずつおられる）、漁業をしていない農家も漁師から購入したりもらったりするので、湖魚は刺身、煮物、佃煮、汁などにしてよく食べている。長浜市には川魚専門店が複数あるので、そこで購入するか、「ボテフリさん」がコアユなどを売りに来るのを買う。高月町では、魚を売りに来る人のことを「センバさん」と呼んでいる。

正月やオコナイ、結婚式、祝いの席には、フナずし、サバずし、こけらずしなどの馴れずしが並ぶ。湖辺に面していない木之本町では高時川を上がってくるアユを獲って馴れずしが漬けられている。

南浜ではビワマスがよく獲れ、刺身や早ずし、こけらずしなどにする。早ずしはビワマスを甘酢でしめてすし飯に散らしたもので、赤い色がきれいなおすしである。こけらずしは産卵期の脂が落ちたビワマスを三枚に下ろして塩漬けし早馴れずしにするもの

チンマは、全県的に婚姻色が出たオイカワの雄の呼び名。オイカワの雌と婚姻色が出ていない雄をハヨ、ハエ、ハイ、ハイジャコ、あるいは単にジャコなどと呼ぶ。

で、南浜独特の馴れずしである。

春に獲れるハヨ、チンマ（上の注釈参照）は塩漬けにしておいて夏を越してからショウガをたっぷり入れ飯で漬ける。

コアユは醤油と砂糖、酒で炊く。仕上げにサンショウの実を入れると臭み抜きになる干しておいたサンショウの葉を入れるところもある。その他、焼き串にしてさっとあぶって二杯酢で食べたり、天ぷらにする。

（中）

湖東のくらしと湖魚

近江八幡市、安土町、能登川町、彦根市の湖辺の集落では、長年琵琶湖の魚貝類と親しんでくらしてきた。その中でも、西《にし》の湖《こ》のほとりにある安土町下豊浦《しもといら》は、全戸が何らかの漁に携わり湖魚と密接に関わってくらしてきた集落である。西の湖には、ヨシが群生していて、その周辺にたくさんの魚貝類が生息していた。コイ、フナ、モロコ、ハエ、オイカワ、ウグイ、ボテ、ゴリ、ワタカ、ヒガイ、ナマズ、ウナギ、ギギ、ドジョウ、ダブガイ、カラスガイ、タニシ、シジミ、テナガエビなど実に多様な魚貝が、四

西の湖

季おりおりに獲れ、人々のくらしを潤してきた。

魚を獲るのは農閑期《のうかん》で、早春から初夏、晩秋から冬に漁に出た。漁具は主には網を使い、四季により網の種類を替えた。朝早く夫婦で舟に乗り西の湖に出て、前日に仕掛けておいた網を引き上げ魚を獲る。獲れた魚は湖辺の魚揚場に立つ市に出し、仲買人に売りさばいてもらった。コイ、モロコなどはよい値段で売れたので、家ではボテジャコなどの小魚を甘辛く炊いておかずにしていた。市に出す魚のうち、手の平より小さいものは反則魚（規格外）といって、逃がすのが決まりであったが、時には「逃がす」と言って家に持ち帰り食べることもあった。

魚は網で獲るだけでなく、タツベやモジという竹製の漁具を使うことも多かった。土手の周辺やヨシの茂み、田んぼの排水溝などにこれらの漁具を仕掛けると、いろいろな魚や貝が面白いほど獲れたそうである。タツベをヨシの茂みに仕掛けておくとナマズがよく獲れたので、煮付けや蒲焼にして普段のおかずに食べた。モロコやテナガエビは、高級魚として売ることが多かったが、時々は天ぷらや焼き魚にして味わった。

アユモドキ（滋賀県立琵琶湖博物館 提供）

お盆のご馳走として、小ブナを骨ごと切り込んでタタキにした「背ごし」という料理は、独特のものである。ウグイ、ワタカ、オイカワは塩漬けして保存しておき、お盆の数日前に取り出して飯漬けし、「めずし」といって、ご馳走にした。

冬になると田舟で貝曳《びき》漁をし、ダブガイやイシガイ、タニシなどを獲った。西の湖の貝は身が厚く、炊きあげると赤色に仕上がり目方もあったので、近在の祭りのご馳走として重宝されたそうである。タニシは身を取り出して丸茹《ゆ》でした後、サンショウを入れて味噌炊きにした。これは一カ月くらい保存食として食べていた。十二月中旬頃、ヨシを刈り取る直前に行う「ヨシ巻き漁」では、フナ、ワタカ、コイなどが獲れた。この時期のフナは、寒ブナといって、身が締まりおいしい。

西の湖にだけ棲息する魚として「アユモドキ」がいた。ウミドジョウともいい、モロコに似た銀色の小さな魚で、昭和二十三年（一九四八）に国の保護魚に指定されている。塩焼きにするとおいしかったが、現在はほとんど獲れなくなっている。

琵琶湖から離れた町や村には、湖魚専門の行商人が売りに歩いた。行商人の多くは自転車の荷台に湖魚を入れたトロ箱を積み、顧客の家を定期的に売りに回った。愛知川町内の集落には、一〇日に一回くらいの割合で来ていた。農家では、湖魚と、大豆や大根などの自家産の野菜類と炊き合わせて、「エビ豆」「イサダ（イサザ）大根」などの郷土料理を作り出してきた。五月頃になると、行商人がフナずし用のフナを売りに来た。塩きりから飯漬けまで引き受けてくれたので、一〇キロ、一五キロと漬ける家もあった。愛知川町のある農家では、春祭りのご馳走のひとつに、シジミとネギのぬたを必ず作ったという。その時期には、茹でたむきシジミを行商人が売りに来たのである。ギギは、行商人がひと夏に一、二回売りに来る貴重な魚で、味噌炊きにするのが一番だった。フナは馴染みの深い魚で、正月などのお客呼びにはフナの「子つきなます」をご馳走として出した。フナの味噌汁は、精がつくと言って冬によく食べていた。お乳がよく出るからといって産後の養生食に食べさせる家もあった。

　日野川、愛知《えち》川、犬上川などの川沿いの集落ではアユ、フナ、ハス、オイカワ、ゴリ、ナマズなどを獲って食べてきた。たくさん獲れると馴れずしや佃煮などの保存食にした。馴れずしを漬けるのは戸主の男性かおばあさんであった。オイカワやハスの馴れずしは、お盆のご馳走になった。愛知川は、大雨が降った後に琵琶湖からアユがたくさん上がってきたので、手でもつかめるくらいだったという。たくさん獲れた時は近所や知人に配って歩いたそうである。また、愛知川町や秦荘町の一部の農家では、奈良方面から売りに来る稚ゴイを水田に入れ、大きくなるお盆頃に捕まえて食べた。大きな川筋から離れた集落では、「ノド」という竹製の器具を田んぼや小川の水の落ちる場所に仕掛けて、川ジャコ、ドジョウなどを獲った。ドジョウの卵とじやジャコの佃煮などにして食べていたという。

このように、湖東地域の人々に親しまれてきた湖魚、川魚であるが現在は、入手するのが難しくなっている。量販店に、ときどきアユが売られたり、彦根市や能登川町に川魚専門店が数軒ある程度である。

（西の湖の漁業とくらしについては、安土町下豊浦在住の元漁師・福沢常一さんにお聞きした話をまとめました。ここに深く感謝申し上げます。）（野）

湖西のくらしと湖魚

湖西地域は、比良連山と琵琶湖に挟まれる南北に長い地形で、およそ山地八分に平地二分、朽木村を除いて、その平地は琵琶湖辺に隣接している。古来若狭街道・北陸道は海津・木津・勝野・真野・堅田など多くの港から湖上を経て京阪神・北陸へと人や物資が運ばれた。くらし・文化は、北部は福井県に南部は京都文化圏に影響を受けてきた。食料の多くを自給自足していた数十年前までは、米・豆・野菜に湖魚の組み合わせを中心に、鶏・山菜・果物と若狭の海の魚・海産物などが加えられた。湖魚は貴重なたんぱく質・カルシウム源であった。湖岸の人たちは漁業をするかたわら、藻を肥料として稲作もしてきた。山間平地の人々は川を上る魚を捕り生け簀に放ち日常の食とし、湖辺から行商にやってくる「ボテフリさん」から湖魚を入手していた。

近年の食生活の著しい変化は湖魚に対する関心を

減少させ、若い人たちの食生活における湖魚の位置づけは低い。それでもフナずしを購入する若い人も増えてきているし、今も大津から海津あたりまでの湖岸道路を自動車で走ると、どこからともなく湖魚を煮る芳香が漂い、湖西街道ならではの趣がある。

湖魚の食べ方は、焼き物、揚げ物、煮付け、刺身、なます、すき焼き、醤油ご飯などいろいろな食べ方があり、小さい魚やエビ・シジミは佃煮風に煮る。豆や大根と炊き合わせにする。余ると小さなアユや雑魚《ざこ》はさっと熱湯で茹でてから天日で乾かし、ダシジャコのようにして野菜と煮る食べ方が日常的であった。

なかでもアユはその成長とともに調理法も変わっていく。二杯酢で食べる寒のヒウオに始まり、佃煮・天ぷら・アユご飯などには初夏のアユを。成長すると三枚におろし冷水に晒してドロ酢で食べる。川を上った大アユは塩焼きや甘露煮にし夏の総菜となる。同じようにイサザもじゅんじゅん（すき焼き）、イサザご飯、イサザソバなどにされる。イサザの漁獲には周期性があり、まったく姿の見られない年には幻の魚と騒がれたりする。ゴリ・ウグイ・ハス・フナ・コイなどの魚はいろいろ料理されて人々の食を支えてきた。産卵期を迎えたビワマスで作るアメノウオご飯はマツタケの出る時期と重なり秋のご馳走であった。川にはギンギ（ギギ）・ナマズ・ドジョウなど、上流にはアマゴ・イワナなど…。このように季節ごとの魚の成長に応じ、多様な料理法が存在し、この地域の食が潤されてきた。

安曇川沖から沖の白石辺りは水深一〇四メートルと深く、水温は低く、水質も良い。湖西の湖岸には多くの漁港があり、魞が仕掛けられ湖の風物詩として親しまれている。この水域ではニゴロブナが多く育ち、湖辺の人々のくらしを潤してきた。

高島町の鴨川崎から三尾崎《みおがさき》にかけての沖合、紅葉《もみじ》ガ浦（現在の萩の浜あたり）で穫れるニゴロブナは「紅葉鮒《もみじぶな》」といわれ、身が厚い。勝野津《かつのつ》の辺りでは昔から「さくら咲く頃　紅葉鮒」と歌われ馴れずしの材料になってきた。また、マキノ町の海津の浦は、険しくそそり立つ岩礁《がんしょう》が湖中にも続き、ニゴロブナがすむのに適した美しい入り江がたくさんある。湖底深くからの湧き水が水温を下げ、この辺りのニゴロフナは身が甘いとも言う。

新旭町深溝《ふかみぞ》は、もとは一面の低湿地帯で、広い沼沢といくつもの小さな川には琵琶湖の魚が自由に出入りして、簡単に魚をつかむことができた。ここにくらす井上利夫さんは「川にはいくらでもフナがいた」と昔を振り返る。今は、フナの生活の場であった沼沢が農地に転換されてしまった。

河川改修が行われるまでは湖の魚は川を上り、山間の人も湖の魚を共有できた。朽木村でも大雨が降ると、松明《たいまつ》をかざして魚を網に追い込んだ。塩焼き・煮魚・天ぷらなどにして食べきれない魚は串に刺し素焼きにしてから、藁筒にさし乾燥させ保存をしていた。現在の大アユはもっぱら養殖によるものである。

志賀町栗原は喜撰《きせん》川の上流、標高四百メートルの山地にある集落であるが、梅雨の大雨にニゴロブナがどっと押し寄せてきたといい、フナずしを漬けて雪下の食料としてきた。現在、川は川底、両岸ともコンクリートで固められてしまった。フナが捕れなくなりフナずしを漬ける家も減ったが、栗原の畑正美さんは今も漬けている。その奥山の朽木村の街道を塩サバがひたすら京の都に運ばれ、朽木山中で馴れずしといえばサバであるのに、近くの栗原がフナずしと、川筋の違いが食文化を分けている。

湖西地方では馴れずしを「粕漬け」にする。「甘露漬け」ともいう。発酵したご飯を取り除き酒の粕に漬け直したもので、酸味・発酵臭が丸くなり口当たりがよい。粕に漬けてから一〇〜一五日頃が食べ頃。今津町の木下いとさんは吟醸粕に漬け芳香の良い粕漬けを楽しんでいる。

山と湖に挟まれた細長い地形の湖西地域で、湖魚は欠かせない食料であった。湖と川が結ばれ、山深くまで魚が上り、湖魚と人が共存していたことは、古代からほんの数十年前まで継続されてきた食の姿である。しかし、今は自然環境も社会環境も大きな問題を抱え、人と湖魚との関係は変わろうとしている。（高橋）

湖南のくらしと湖魚

大津は、湖魚の一大消費地である。旧東海道の街道筋を一筋入った所に商店街の中心地と云われた丸屋町、菱屋《ひしや》町がアーケード街として存在する。この商店街に湖魚を売る店が昔は数軒ずつ存在した。中主、守山、草津、瀬田、堅田などから漁獲された湖魚が卸仲買商を通って各小売り店におろされ、店先に並んだ。アユ、

イサザ、イシガイ、ウグイ、ウナギ、オイカワ、カマツカ、カラスガイ、コイ、フナ、スジエビ、セタシジミ、テナガエビ、ドジョウ、ハス、ヒガイ、ビワマス、ヨシノボリ（別名ゴリ、ウロリ）、ワタカなど。

昭和三十年代、朝、この商店街を通るとコイやフナが店先に並べられ、まだ、ピチピチとはねていた。湖魚独特の香臭を嗅ぎながら自転車で通勤するサラリーマンや学生さんたちがいた。昼時になるとコイの洗いや子作りなどが売られ、夕方近くになると、煮魚や、焼き魚が調理して売られた。そこには、琵琶湖から恩恵を受けるくらしがあった。

県庁の前を流れる境川《さかい》（吾妻《あづま》川の別称。江戸時代の大津町と松本村の境であったため）、今もこの川の流れを京阪電鉄の島ノ関駅から眺めることができる。この川に昔アユが登ってきていて、子どもらは川に入りアユを捕っていた。今も登っているかと眺めるが、そのアユの姿はもう見えない。

志賀町育ちの自分も小学校の帰りに川へジャブジャブと入り、川底をまさぐって、手にさわったアユをしっかとつかみ川べりの草にさして持ち帰り、アユ汁を作ってもらった記憶がある。子どもの頃、水の流れを遡り、アユつかみに熱中した時の足に感じる水流や、足底の小石の触感は、今も忘れない体感である。当時は「道草をしないで早く家に帰りましょう」が小学校の生活目標だったが守れなかった。

ある年、湖岸が真っ黒になるくらいアユが出て、その話はすぐに皆に伝わった。獲るには許可が必要なので、持っている人に連れていってもらい、バケツに一杯のアユを獲ったことがある。数日ではとても食べきれない量なので、ムシロの上に並べて天日で干し、缶につめて保存した。当座のおやつに、しがんで（しがむ＝強く噛む。噛みしめる）食べたものである。

親戚の漁家からよく湖魚をいただいた。雪の降る頃にはヒウオ、イサザ、夏にはゴリ、モロコ、秋から冬にかけてのエビ、祖母はそれをおくどさんに鍋をかけ、薪《たきぎ》を燃やしながら上手に煮つけてくれた。今はそれを思い出しながら湖魚店で買って挑戦している。

サンジョダチ（出産祝い）の祝い魚はコイであり、産褥《さんじょく》婦に母乳がよく出るように食べさせるのは「コイこく」であり、夏になって体がつかれてくるとギギの付け焼きで力をつけた。つわりがひどくて何も食べられなかった時、ふと、湖魚店の前を通り、ゴリ（ウロリ）の山椒煮を求め、お茶漬けにして食べた。家族も皆驚いていたが、湖魚で育った人間にはやはり湖魚が一番という食歴をはっきりと体験した。

シジミは胆汁《たんじゅう》（肝臓から分泌される消化液）分泌によいとされた。ギギは熱さましになるといわれ、病人や夏バテの者に食べさせた。カラスガイは毒くだしになるといわれ、むき身で食べた。

昭和四十年前後から、生活環境の洋風化にともない、これまでの米、魚、野菜といった和風の食生活が欧米風、中華風、エスニック風と、その混合型に大きく変化していった。その頃から環境汚染が深刻な問題となってきた。私自身昭和四十七～五十年にかけて草津保健所に在籍し、おりしも市内の工場が排出していたPCB（ポリ塩化ビフェニール）が騒がれた時とあって日々食べるメニューからその含量を調べたこともある。この頃、湖南地域では、湖魚に対する恐怖感も多少あり、湖魚を敬遠した一時もあった。

昭和四十年後半から五十年にかけて、湖魚利用はどうであったのか、大津市内の淡水魚貝販売業「タニムメ」さんのご主人を訪ねてその状況を聞かせていただき、併せて昭和四十五年と五十九年の湖魚関係調査結果（倉田亨編『びわ湖産魚介類の流通実態と消費動向』）の冊子を見せていただいた。これらを基にして昭和四十年代から五十年代の淡水魚貝類について、湖南のくらしの中でどのように売られ、買われ、料理されてきたのかをまとめてみたいと思う。

その頃、淡水魚貝類は、①公設小売市場、②専門小売店、③スーパーマーケット、④百貨店、⑤行商、小売り⑥その他のルートを経て流通していた。漁港に近い所では、行商小売りの魚屋さんが漁港から自転車や小型車で「朝獲れたアユでっせ」「ピンピンはねてるエビでっせ」「ゴリでっせ」と声をかけながら売り歩き、「獲れて二時間が勝負」といわれるゴリなどは即料理されていた。街の中では公設小売り市場が最もよく利用され、続いて専門小売店、スーパーマーケット、百貨店であった。加工された焼き魚や、煮魚、塩ものでは、スーパーマーケットの利用が多く、続いて専門小売店、公設小売り市場であった。

一番よく買われていたのが、ウナギの蒲焼き、続いてシジミだった。続いて小アユの佃煮、イサザの佃煮、小エビの佃煮、小アユの煮付けなどが多く、土産、贈答品としても多く買われた。これには保存性が高いという理由がある。

活魚や生鮮魚は好きな家では利用されているが、それぞれ全体の七~八%程度で、魚種としては、フナ、アユ、ゴリ、コイなどで、あらいなどにして利用される。昭和五十年代を境に次第に湖魚の利用は、限られた湖魚好きな家庭だけとなり、若い人の湖魚への関心は次第に薄れていったようだ。

「最近では、生魚を買って料理してくださるのは、高齢の方で、若い方はほとんど買いに来ません」とは、タニムメさんの言葉。いまこそ琵琶湖の味を後世に伝えなくてはと強く思う。（小川）

沖島の漁業とくらし

わが国の淡水湖の中で唯一、古くから人が暮らす沖島は、近江八幡市の湖岸から約一・五キロ沖に位置する。平地が少ない島内には軒先がくっつきあうように家々が建っている。舟はあるが、

車がない島としても有名である。子どもたちは島の小学校に通い、中学生になったら、舟で対岸の近江八幡市の学校に行く。

沖島は堅田の湖族が漁業拠点としていたともいわれるが、十二世紀になって、平治の乱に敗れた落武者が漂着して住んだのが定住の始まりとされている。戸数は明治初めで六〇戸、人口は七百人ほどであった。昭和三十年頃は一五〇世帯、人口八百人となっている。

島で生まれたら、長男は漁師として漁業を継いだ。長男以外は島を出て働きに出なければならない。しかし養子口があれば、島に残って漁業に従事した。島の女性は昔はたいてい島に残って、他所へ嫁入りすることは少なかった。沖島での女性の労働はとりわけきつく、働き者でないと勤まらなかった。田んぼは島にはないので、対岸の近江八幡市伊崎や堀切にある田んぼで稲を育てた。田の仕事は女性の仕事であり、舟で対岸まで農作業に出かけた。し尿も舟で田んぼに運ばなければならなかった。家事や子育てはもちろんのこと、芝刈りも女性の仕事であったので、女性は男性の何倍も仕事があった。

今は島に水道や下水道の設備が整っているが、昔は沖島に井戸はなく、湖水を飲食用に使い、生活用水も湖水を使った。朝一番に、きれいな湖水を飲食用として汲んできて、水瓶《みずがめ》に入れて使った。洗顔、洗濯、米とぎや野菜、食器洗いなどは、湖へ出て行なった。

漁は男性の仕事であったが、夫婦二人で出かけることも多かった。漁師は魚の獲れる場所や深さを正確に把握しておかなければならなかった。山の稜線《りょうせん》の二点を結び、その筋を読みとって、魚の取れる場所を覚えたという。漁は魚たちとの知恵比べであり、勘と観察力が鋭くないと魚は獲れなかった。漁師の腕の見せ所であった。漁具の竹製のタツベは自分で工夫して作った。魚ごとに、それぞれ専用のタツベがあり、上手にできあがると魚やエビがすいすいと入ってくれるが、下手なタツベでは、魚が振り向いてくれず、全然獲れないこともあった。

一年を通じて魚は豊富であったが、漁業で生計を立てている島民にとっては、売り物になる上等な魚はめったに口にすることはできなかった。そこで、お金にならない雑魚《じゃこ》やハンソク（体長が

沖島の漁港

短く、網にかかっても逃がしてやるべき小さな魚）までも大切に、丁寧に料理をして日常の食事のおかずにしてきた。

冬場の沖島はシジミ漁で賑わった。琵琶湖のシジミ漁は一九六〇年頃をピークに急速に獲れなくなってしまったが、昔は沖島から近江八幡湖岸までの湖底が、琵琶湖で最もよいシジミ漁場といわれた。身シジミにしてから舟で出荷し、湖稼《うみ》ぎの中心となった。男性が掻いてきたシジミを、シジミ小屋でシジミむきするのが女性の仕事であった。今でも昔のシジミ小屋があった辺りには、シジミの貝殻が厚い層になって残っている。

シジミはそう値が高くなかったので、普段の食卓にもよくのぼった。家族全員が顔を揃える冬の夕食のおかずには、カツオ節や醤油をかけたり、酢ぬたや醤油炊きにしたシジミ、そしてやはり安価なハイやスジエビが主となった。寒《かん》のハイは特においしく、塩焼き、煮付け、どろ酢味噌かけ、馴《な》れずしの一種であるハイずしなどにする。小さいスジエビはたくさん獲れるので茹でた後、筵《むしろ》に広げて干す。乾燥し赤くなったスジエビからだしをとり、ダイコン炊きをするとおいしい。また、スジエビはエビ豆といって、白豆（白大豆）といっしょに甘辛く煮て保存食にもする。土用の頃に漬けておいたフナずしも、この頃には食べ頃になる。これといったおかずがない時、薄く輪切りにして皿に盛り付け一品にした。フナずしは、お茶に漬けて食べると口当たりも良く、身体が温まるので疲れた時や風邪の時などに好んで食べた。

　正月のおせち料理は、最高のご馳走である塩サバの煮付けに、煮しめ、数の子、ゴボウのおひたし（たたきゴボウ）、黒豆、白豆の煮物、ごまめなどをたくさん作り、重ね鉢に入れた。

　一月十五日の左義長《さぎちょう》では豊漁の占いも行われる。朝には、小豆ぜんざいの中に鏡餅を入れて祝う。夕食は、どこの家でも近江牛肉のじゅんじゅん（すき焼き）を食べた。

　島民は信仰にあつく全戸が浄土真宗（西福寺と願証寺の二カ寺がある）で、一月二十六日から二十八日まで、漁も休んで報恩講が行われる。二十六日から二十八日の朝まで精進《しょうじん》をするため、二十五日の夕食は「精進がため」で、魚を必ず食べた。

　陽気が暖かくなるにつれて漁師は、盛漁期を迎え忙しくなる。ハス、スゴモロコ、イオ（ニゴロブナ）、アイ（アユ）、エビ、ウグイ、コイ、フナ、カマツカが多く獲れた。家で食べられる魚は限られているが、ハスの塩焼きや煮付け、ギギの煮付けや味噌汁、ウグイやカマツカ、ガンゾ（一〇センチ以下の小ブナ）の煮付けなどさまざまに料理してたっぷり食べ、忙しい季節を乗り切った。

女節供は一月遅れの四月三日に行なわれ、長女の初節供には、母親の実家から立派な雛人形が贈られた。お供えものとして皮シジミ、生のモロコ、サンガチコ（ワケギ）が用意され、他にユグミ（ヨモギ）の入った雛団子、ばらずしを供える家もあった。初節供の内祝いには、ニシンの昆布巻き、コイのあらい、シジミ汁などで親戚をもてなした。

初夏には、コイ、フナ、イオ、ウグイ、ワタコ、モロコなどの高値の魚が水揚げされるが、暑さのため魚が腐るので漁は早朝に終える。夏場の食事では味噌汁を作らず油揚げでだしをとり、ナス、干しカンピョウを入れた澄まし汁にする。この他に、ヘラ（ゲンゴロウブナ）のお作り、ガンゾやワタコのジョキ（背ごしのようなもの）、ナマズ、ワタコ、ギギ、ウグイの煮つけなどがおかずになった。特に七、八月頃には、ゴリ（ウロリとも言う。ヨシノボリの稚魚）がたくさん獲れるが、とても軟らかく鮮度の落ちが早く、値も安い魚なので、毎日のように塩茹でにして二杯酢をかけて食べた。

八月十四日から十六日までの三日間はお盆で、先祖の墓参りをする。御馳走としては、ウナギのだしで作ったにゅうめん、ゴリの塩茹で、ウナギの蒲焼きなどである。

秋になると、コイ、ワタコ、モロコが獲れた。十一月は特にイサザがよく獲れた。イサザは、白豆煮のほか、吸い物、飴《あめ》炊き（甘露煮）にする。おかずのない時にはハイずし、ガンゾずしなどの馴れずしも出した。

十二月は漁師の各家で一年間の魚の供養をする。家々での供養が終わると、寺で総勤めが二日間行われる。夜は家族中がお寺へお参りし、虫供養（魚供養）を行う。遠い昔から魚によって生業《なりわい》を立ててきた沖島の人々には、今もなお魚に対する感謝の気持ちと先祖を大切にする心が受け継がれている。

（田）

記録に見る琵琶湖の魚貝

琵琶湖に棲息する魚貝類の名称については、奈良時代の木簡《もっかん》や、平安時代の『倭名類聚鈔《わみょうるいじゅしょう》』、『延喜式《えんぎしき》』に出ているが、ここでは近世から明治期にかけて発刊された書物に詳述されたものを中心に以下に見ていくことにしたい。

元禄五年（一六九二）の序文のある『淡海録《おうみろく》』の「江州海陸土産《みやげ》」のところには、「大津（魚類）、勢田（蜆・鯉・ウナギ）、片田（小糸鮒）、舟木大溝（紅葉鮒）、山田（丸鮒）、田上（氷魚）、木浜（海老）、日野谷（鮎）、丸山（鮒）、愛知川（もろこ魚）、川崎（あめの魚）、ひこね京橋（うなぎ）、松原（海老）、善利川（石ふし）、浅妻（はす魚）」のように記されている（注：地名や魚名については現在のものと異なるものもあるが、原文のままとした。以下同じ）。正保二年（一六四五）刊の『毛吹草』にも、近江における魚貝類の産地と地名が明記されているので、江戸初期には、産地化されていたことが知れる。

近江の地誌『近江輿地志略《よちしりゃく》』（享保十九年・一七三四年序）には、「堅田煎鰕（いりえび）、鱎魚（いさざ）、鮒、煮じろ（鮓鮒）、にごろ、はてふ（うき物）、北鮒、小糸鮒、紅葉鮒、鯉、にごひ、まじか、鰣（はす）、鰏（わたか）、すごんてう、鱣（おひがわ）、うぐひ、鮠（はへ）、鰪絲魚［ぎぎ］、ふがひ、鯽（もろこ）、水鮭子《あまご》、山水鮭（やまめ）、石伏、江鮭（あめのうを）、鱒（ます）、氷魚（ひを）、岩とこ、白鯰、黒鯰、ひわら、ぼて、ごり、むつ、おひもち、小鰕、蜷、蜆、胴亀、鮲（かまつか、別名だんぎぼう）、鰻鱺魚（うなぎ）、勢多蜆」が記録されている。このうち鱊魚については和邇《わに》（志賀町）で冬期にとれることや、鮒は大津松本浦から膳所《ぜぜ》ケ崎辺でとれるものが上級品で、「鱠《なます》鮒」とも「源五郎鮒」とも言われていることが書かれている。

源五郎鮒の名前の由来については、前述の『毛吹草』には、漁師が大きなフナをとるたびに源五郎という聟《むこ》（婿）にあげたからとする話を記しているが、『近江輿地志略』では、錦織源五郎という佐々木家の家臣が、毎年大きなフナをとって主家や友人に贈ったとする説は採らず、大津に源五郎という魚商人がいて、この人が特定のフナのみしか取り扱わなかったので、人々がこのフナを源五郎鮒と名付けた説を採用している。また、後述する『近江名所図会《ずえ》』（文化十一年・一八一四年刊）には、佐々木家の家臣の錦織源五郎という者が、主家にフナを献上していたが、このことにより漁業権を与えられていたのでこの名があると書かれている。

この他、『近江輿地志略』には、北鮒は北の浦でとれるが味がよくないとか、小糸鮒の名は堅田の漁師が小糸網でとるからとか記されている。

紅葉鮒については、『近江輿地志略』には高島郡の紅葉ケ浦でとれるフナだからこの名があり、この浦に大昔、大きな楓樹があって、散った葉をこのフナが食べたからとか、秋季にこのフナの肉が赤くなるからとの説を紹介している。文化十二年（一八一五年）刊『湖中産物図證』には、紅葉鮒は秋になって魚が太り、血気が充満して鱗の間に血が溢れてくるので、その美しさは、樹間の紅葉を遠望したようであると述べている。大溝分部《わけべ》藩の前田梅園が著わした『鴻溝録《こうこう》』（文政七年・一八二四年）には、幕末の勤皇詩人梁川星巌の詩「紅葉鯽魚歌」を記して、その名の由来を教えている。

さて、近江の地誌『淡海木間攫《おうみこまざらえ》』（寛政四年・一七九二年）の犬上郡の名産のところには、「湖魚品々有、別テ鮒ヲ称ス」とあり、

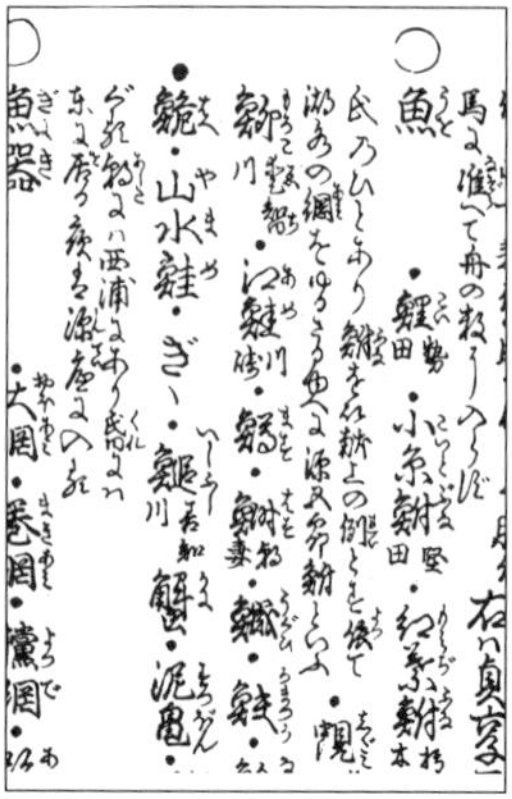

『近江名所図会』巻之二
「魚」の部分

「善利《せり》中《なか》村〔現・彦根市芹中町〕の名産・石ブシ、善利大橋村〔現・彦根市大橋町〕の名産・石ブシ、大堀村〔現・彦根市大堀町〕の名産・小鮎鱠、神崎郡愛知川村の名産・モロコ（小魚ナリ。至テ美味ナリ）、浅井郡田川村〔現・東浅井郡浅井町田川〕の名産・鯉」のように記されている。

文化十一年刊（一八一四年）『近江名所図会』巻之二・魚のところには、「鯉・勢田、小糸鮒・堅田、紅葉鮒・朽木、丸鮒・山田、源五郎鮒、蜆・勢田、鰻・勢田、彦根京橋、鯋《いさざ》・和邇、氷魚《ひを》・田上、小鰕《えび》・木浜、松原、鯽《もろこ》・愛智川、江鮭《あめ》・川崎、鱒、鯥《はす》・朝妻、鰔《うぐひ》、鮇《かまつか》、鯰・王城五十里をさらずといへり、不賀比《ふかひ》、鮎、水鮭《あま》子、鮠《はえ》、山水鮭《やまめ》、ぎぎ、鮐《いしふし》・善利川」等があげられ、漁師の言として、魚は太陽の動きによって移動するので、朝方には琵琶湖の西側にいるが、夕刻には東側に移るとか、夜間は湖底に移動する話も紹介している。

彦根藩主の命を受け、藤居重啓が撰した『湖中産物図證』には、琵琶湖や余呉《よご》湖に棲息する水棲動物が、迫力のある図とともに記載されている。この書は中国の李時珍の著わした『本草綱目』や小野蘭山、貝原益軒の著書等を参考に、琵琶湖の魚貝類及びサンショウウオ、カメ、カワウソについてまで、その習性や特徴、棲息場所についてわかりやすく解説している。この書と現在琵琶湖水系に分布している魚貝類とを比較することにより、江戸期における通称や生態が知れるとともに、絶滅種を特定する好資料ともなっている。

安政年間（一八五四～六〇年）に奥野純が撰した『湖魚譜』には、「鯽《ふな》、鯉、麻茲加、鱒、雨魚、鰻、黄鯝魚、皮須《はす》、宇倶比、肥賀以、鮧、黄顙《ぎぎ》魚、香魚、氷魚、毛呂古、鰷、佳麻通加、波勢、杜父魚、佳茲加、石伏、伊佐座、坐古、泥鰌、石鮅魚、呉麻呉、エビ、シジミ、カラスガイ」等の魚貝類と「鯢魚《さんしょううお》、カメ、スッポン」について記されている。なお、コイについては、丈余のもの（三メートル以上）がいること、竹生島近辺のコイは網に入らないくらい大きいものがいて、とらえても食用にならないとか、老いたコイが龍に化すという話は本当かも知れないとも述べている。

ここで余談になるが、フナの大きいものでは一尺五六寸から二尺（四五～六〇センチ）以上のものがいることが、伊藤圭介著『日

明治四十年における滋賀県の水産統計

水産物	数量（貫）	価格（円）
マス	七四、九二七	一二四、三二一
フナ	一〇七、五六九	八四、九五〇
アユ	二七八、二八〇	七七、九二三
コイ	五八、九七七	五八、九七七
ワタカ	七八、九一〇	二二、九九八
モロコ	三九、〇〇三	一九、二二〇
ウナギ	五、九二二	一七、五〇八
ヒガイ	五、五一七	一三、三三一
ウグイ	一四、八八二	一一、二〇五
ナマズ	一七、〇三五	七、六〇一
イサザ	二〇、九二四	七、〇九二
ハス	一一、〇三五	五、七七八
ギギ	八、八二五	三、三六二
ニゴイ	四、五五〇	二、二八八
ドジョウ	三、五三三	二、一八七
其他の魚類	一五二、八九九	一〇、一八八
（魚類計）	八八二、七八八	四七一、九二九
エビ	一一一、八八四	一六、〇〇八
シジミ	二、一四七、二八五	六、五七五
カラスガイ	六〇、八八七	一、八〇一
タニシ	五三、八〇一	三五五
スッポン	一、五〇〇	三、〇〇〇

本産物誌』に出ている。

明治初年の県下各地における魚種別漁獲高は『滋賀県物産誌』で調べることができる。また、明治二十三年（一八九〇）三月刊の『滋賀県漁業沿革誌』には、明治十九年と二十一年の水産漁獲高が郡別に紹介されている。そこには「鯉・鮒・鯇《あめのうお》・鱒・鮭・鰔・鰣・黄鯝魚・鰜・鰕・香魚・小鮎・氷魚・ヒガイ・魦・鰻・鯰・雑魚・貝」について、その産額と価額が紹介されている。ちなみに、最も高額な漁獲高をあげているのはフナで、明治十九年では七九七六円、二十一年では一一九〇五円となっている。明治二十年における米一〇キログラムの価格は四六銭と記録にあるので、現在の額に換算するには七〜八万を乗じた数値となる。

明治四十三年（一九一〇）刊・前田末廣著『琵琶湖』に記載されている明治四十年における水産統計は上の表のようである。数量については貫で表示されているので、キログラムに換算するには、三・七五を掛け合せられたい。（粕）

朝鮮通信使の饗応に見る湖魚

　江戸時代に朝鮮からの親善使節である朝鮮通信使が、将軍の襲職祝などの使命を帯び、慶長十二年（一六〇七）から文化八年（一八一一）にかけて一二回来日した。このうち一〇回は近江を通過し江戸へ往復した。江戸への往路は、大津で昼休憩、野洲から朝鮮人街道に入り、守山で宿泊、八幡で昼休憩、彦根で宿泊し鳥居本から中山道に入り、名古屋を経て江戸へ向かった。復路は往路と同じ行程であった。通信使一行は三使、上々官、上官、中宮、下官で構成され、人数は三百数十名から五百人であり、このうち近江を往復したのは通信使船に残留した約百名を除く人々であった。

　通信使は各地で饗応を受けたが、近江の饗応では、海水産の鯛《たい》、鱸《すずき》、蛸《たこ》、鮑《あわび》、伊勢海老《いせえび》などの他、「湖水の名産多き中に、鯉、鮒、江鮭《あめのいお》、鱒、鮎、もろこ、勢田鰻、堅田蝦《えび》、氷魚《ひお》（中略）鯰《なまず》、水鮭《あまご》、蟹《かに》、蜆《しじみ》、泥亀《どろがめ》、なほ数々あり。」と『東海道名所図会』にあるような特産の湖魚や湖魚料理を他の饗応地より多く提供した。

　通信使を先導した宗家の『宗家記録』（慶應義塾大学図書館蔵）によると、天和二年（一六八二）八月の往路の饗応献立に見るなれずしには、ふなずし、子持ちふなずし、あゆずし、はすずしがあるが、このうち、大津、八幡山、彦根では身分に関わらず「ふなずし」が出されたが、守山では身分により、三使、上々官、上官に「子持ちふなずし」、中官に「ふなずし」が出された。

　また、湖魚と湖魚料理には次のようなものがある（次ページの表1）。

　天和二年八月七日、大津での三使、上々官の献立では次のように、鮓《すし》、鮒、鯉、鮠《はや》が見られる（次ページの表2）。

　このように饗応料理に特産品や地酒も出され、彦根では名物の醒井《さめがい》餅も出された。ちなみに『木曽路名所図会』に次のように記されている。

　「比清水の前には茶店ありて、常に茶を入れ、醒井餅とて名産を商ふ。夏は心太《ところてん》・素麺《そうめん》を冷して旅客

表1

鯉　刺身《さしみ》　刺身鯉子付　鱠《なます》　汁
鮒　鱠　焼物　吸物　焼ひて
小鮒　吸物
あいきやう
鯇《あめのうお》　焼物　酢煎《い》り
鮎　焼鮎
うるか
鰻　杉焼
鮠《はや》　吸物
わたか　煎物
蜆《しじみ》貝　吸い物
蜆ぬきみ　汁

表2

五五三御本膳
蛸　蒲鉾　御汁　ふくさ味噌　塩白鳥　牛房　大根　麩　ねぶか
あへまぜ　塩　山升　ゆ
香物　海鼠腸　御食

御二膳
からすみ　鮓　すまし
貝盛　御汁　鱸
やき物　ふくめ鯛　柚

御三膳
羽盛　ふくさ味噌
辛螺　御汁　鮒
さがらめ
海老船盛

御引物
香物
煎鳥　真鴨　ねぶか
焼物　鯛
さしみ　鯉　煎酒　辛子酢
酢貝
餅　小豆　大豆粉　砂糖
御吸物
鮠
御肴
栄螺　壷煎
焼赤貝
冷物　六種
御菓子　七種

朝鮮通信使の饗応料理
(平成10年11月に再現されたもの。高月町 提供)

に出す。みな此清泉の潤なるべしとぞしられける。」

また、白米、酒、味噌、醤油、酢、塩、油、魚貝類、野菜、果物、菓子等の食料供給も行われた。なお、通信使の記録には次のような湖魚とその数量が見られる。(次ページの表3)これらは通信使一行中の料理人により好みの料理にされた。

『近江蒲生郡志』によると、宝暦十四年の通信使来日の前年に、近江彦根と美濃今須の御馳走人を勤める井伊家より円山村(近江八幡市円山町)に鯰《なまず》二十一本の用命があった。目下一尺二寸と一尺三寸のものが庄屋から納められ、今須で三使、上々官、上官の料理用食材として提供された。

このようにして、近江では湖魚と湖魚料理の数々で通信使をもてなし、江戸時代全期を通して日本と朝鮮との善隣友好関係につくした。

(高正)

表3

明暦元年（一六五五）
九月十六日　大津　大鮒　十
　守山　鯇《あめのうお》　二十本
　鮒　二十八
九月十七日　彦根　鯇　六本
　大鮒　二十枚
　鮎鮓　三十
十一月十四日　彦根　大鮒　百十枚
　鮎　百五つ
　鮎之鮨　六桶
　鮒鮨　六十六枚
十二月二日　彦根　鮒　二十六枚
十二月三日　守山　鰍　六十三本
十二月四日　大津　鰍　百本
　鮒鮨　六桶

天和二年
九月二十四日　彦根　鯠《ライ》　三本
二十五日　守山　鯠《ライ》　六本大
二十六日　大津　鮒　三十枚中

正徳元年（一七一一）
十月二日　大津　鰍　四十六
　鮎鮓　六桶
十月三日　守山　鰍　四十二本
　八幡　鮒鮓　十三枚
　彦根　鮒　八十六枚

宝暦十四年（一七六四）
四月朔日　八幡　鮒　四十三枚
　但一尺一寸
　守山　鰍　六本
四月朔日　大津　鮒　十二枚
　わたか　六十

第二章　琵琶湖の幸と伝統料理

▲琵琶湖ならではのコアユ

▼モロコの素焼き

アユ　鮎

アユは、琵琶湖の幸を代表する魚の一つである。一年で一生を終えることから「年魚」と表され、平城京跡から出土した木簡、『古事記』『日本書紀』などにみられる。また、その形態から名付けたと解釈できるものに『日本書紀』の「細鱗魚」、『本草和名』(九一八)の「黄頬」、『類聚名義抄』(一二四一)の「銀口魚」などがある。

紀元前六五〇〇年ごろの遺跡である琵琶湖湖底遺跡(粟津貝塚)から、アユの骨が出土した。縄文人もアユを食べていたと考えられる。平城京跡から出土した木簡には、「煮塩年魚」「煮干年魚」「押年魚」「鮨年魚」の文字が見え、『正倉院文書』(七三九〜)には「氷魚魚暦」「氷魚王」とあり、春先に捕獲されたアユの仔魚を都へ生鮮の状態で運んだと考えられる。

一般的に、「夏の鮎」「秋の子持ち鮎」が食されているが、琵琶湖周辺では、春先の「氷魚《ひうお》」と呼ばれるアユの仔魚、稚魚が食されている。また、保存食としての「アユずし」は滋賀県をはじめ、東北地方から中国地方までさまざまな形で存在する。

(江)

大アユ

氷魚の釜あげ

氷魚《ひうお》の釜あげ

琵琶湖には川にのぼらずに一生を湖の中で過すアユがいる。大きくなっても一〇センチくらいにしか成長しないのでコアユと呼ばれる。

秋、湖岸の砂礫に産みつけられた卵は、二週間くらいで孵化し、動物プランクトンを食べて五センチくらいになる。北湖の二〇～三〇メートルくらいの深さのところを泳いで夕暮になると湖岸に移動する。

十一月頃に生まれた、細長くすきとおったコアユを氷魚と呼ぶ。この氷魚を塩と酒を入れた湯でゆがいてザルあげしたものが氷魚の釜あげである。どろ酢味噌や酢醤油で食するとおいしい。十一月から雪まだ残る三月くらいまで食することができる。他に吸物の椀種や柳川風にして食することもある。

（古）

干アユ

干アユ

姉《あね》川や安曇《あど》川をはじめ、県下の川ではコアユがたくさん獲れた。たくさん一度に獲れたコアユを無駄にせず、保存しておきたい。そこで、今のように冷凍冷蔵設備もなかった頃は、コアユを洗ってさっと熱湯で茹《ゆ》で、茹であがったらザルに上げて筵《むしろ》に広げ、天日でからからに乾かした。そして、缶に入れて保存しておき、汁のだしに使って浮かせたり、だしジャコのようにしてダイコン葉やネギなどの野菜といっしょに煮たり、芋と炊き合わせにする食べ方をした。干したコアユからはたいへんおいしいだし汁がとれ、現在私たちが使っている昆布や削りガツオ、イワシの煮干などが手に入りにくかった時代、貴重なだしの素であった。また、醤油で炊くと弁当のおかずにもなり、一年を通していろいろに使えるので、とても重宝したそうである。

安曇川あたりのように、串に刺して炭火で焼いて軒下につるして保存する方法もあった。昔の人は、一度にたくさん魚が獲れた時、フナやハスのような大きな魚は馴れずしに加工して長い期間

へしこ

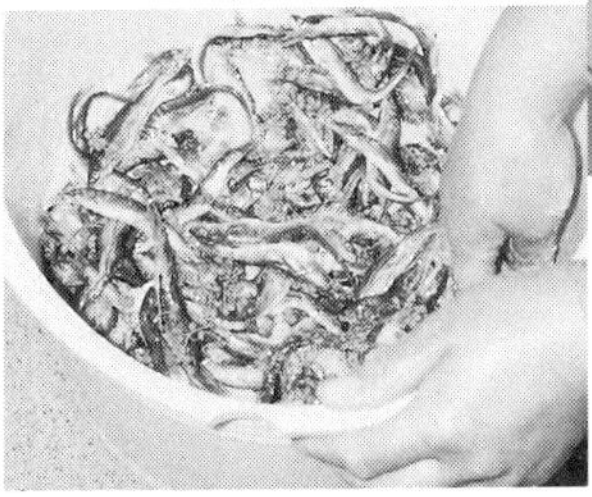

コアユのへしこを漬ける。山椒を用いた場合

食べられるようにしたのに対して、コアユのような小さな魚は干して保存性を増して使った。昔の人の生きる知恵を見ることができる。（坂）

へしこ

魚の糠《ぬか》漬けを一般に「へしこ」という。イワシやサバ、イカなどの魚が漬けられる中で、イワシが最も多く用いられており、イワシの糠漬けをさしてへしこということも多い。朽木谷《くつきだに》では、古来より若狭から海産物を売りに来ており、へしこ売りさんから若狭でとれたイワシやサバのへしこを買っていた。

一方、木之本町では、塩切りしたコアユでへしこを作っている。木之本町のへしこは、高時《たかとき》川で九月頃上がってくるコアユを投網《とあみ》で獲り、頭も内臓もそのままで丸ごと使う。水洗いした後、コアユと塩を交互に重ねて漬けていき、水が上がったら重石《おもし》をのせて一カ月半ほど置き、塩切りする。本漬けする時は、前の晩に塩切りしたコアユを出して洗い、もう一度塩と焼酎で一晩押して、朝

コアユの山椒煮

に出して水を切っておく。桶に糠をしき、赤トウガラシの輪切りをふり入れ、コアユを入れて押さえて平らにする。糠、赤トウガラシ、コアユの順に交互に漬けていき、押しぶたをして重石をのせておく。一カ月半ほどおいた十二月には食べられるようになる。手水には本直しを用い、コアユ四キログラムに、糠二升、赤唐辛子十五本、本直し二合ほどを使う。赤トウガラシの代わりに実山椒を用いてもよい。

他の魚のへしこはこんがり焼いて食べるが、コアユのへしこは、漬物のように糠を落としてそのまま食べる。（坂）

コアユの山椒《さんしょ》煮

コアユの山椒煮は、鍋に醤油、砂糖、酒を入れ強火にかけて沸騰させ、コアユを一尾ずつパラパラと入れる。鍋はできるだけ平たくてアユが重ならないような大きさのものを使用すると煮崩れしにくい。再度沸騰したら弱火にして、生臭みを消すために山椒を入れ、落としぶたをして、弱火でゆっくりりと煮る。煮汁がほとんどなくなったら、味醂をつや出しに入れて焚きあげ、これを熱いうちに器に移す。このように時間をかけて煮汁がなくなるまで煮詰めると、骨まで軟く、カルシウムが豊富な保存食にもなる。

また、好みによりさっと炊きあげる方法もある。この場合、残った煮汁は捨ててしまうか、次回の煮汁としたり、大豆を煮るときの煮汁にもする。春先にはこの煮汁でフキを炊くとおいしい。

サンショウは時節に応じて、葉ザンショウか実ザンショウを入れる。好みのものを冷凍しておくといつでも使えて重宝する。塩漬けの実ザンショウのびん詰めを利用してもよい。

アユの味つけや地域による呼び方により、佃煮、甘露煮、飴煮、醤油煮、甘辛煮、アユの炊いたのなどがある。また、山椒煮は大アユでもできる。

（高正）

背ごし・焼きアユのタデ酢

琵琶湖で育ったコアユが川をのぼったり、他の川に放流されると、石につく付着性のソウ類をこすり取って食べて二〇センチく

アユの背ごし

らいに成長する。これを捕って食する。

背ごしは、生きているものの頭を落とし小口から切ってどろ酢味噌で食べる刺身のことで、味は格別である。焼きアユのタデ酢は、とれたてのアユに塩をあてピクピク動いているものを焼いて食べる。これも美味で格別である。タデ酢は、川タデの葉を小さく刻んですり鉢に入れご飯少々を加えてすり混ぜ、酢でのばす。川タデのなんとも言えない辛みとアユの香りがマッチしている。

アユは、頭を持って背を上にし箸で押し尾を折る。頭をひくと骨がついてぬける。内臓も少し苦いが全部食べることができる。

（古）

フナ 鮒

琵琶湖にはギンブナ、ゲンゴロウブナ、そしてニゴロブナの三種のフナがいる。ギンブナは全国的に分布する一般的なフナで、琵琶湖ではヨシ帯や内湖、河川などに生息している。ゲンゴロウブナは琵琶湖の沖合いの表層を生活の場所とするのに適応した琵琶湖固有種である。体高がある大型のフナで、前に大きく開く口で水と一緒に水中の植物プランクトンを吸い込み、鰓《えら》でこして食べている。ニゴロブナは沖合の底近くを生活の場とした固有種で、顔つきはゲンゴロウブナに似ているが、スマートな体型のフナである。

三〜六月の産卵期になると、普段は沖合でくらしているニゴロブナやゲンゴロウブナが湖岸や内湖にやってくる。それに合わせるように琵琶湖周辺では、竹で組んだ檻《おり》のようなフナタツべをはじめ、モンドリ、川魞《えり》、荒目魞など、この時期の子持ちフナを獲る独特の漁法が行われ、獲られたフナはさまざまな料理法で食べられている。

フナを獲る漁師さんはニゴロブナ、ゲンゴロウブナ、ギンブナをそれぞれイオ、ヒラ、ヒワラと呼ぶが、さらに大きさ、雌雄、

ニゴロブナ

お腹の卵の状態などで細かく区別している。呼び方の例をあげると、卵の詰まった状態＝ムク・マル、卵を産んだ後の雌＝ガリ・ハチ・ニバン、雄のフナ＝カマ・カンタ、大きさを表すもの＝ダイ・ジョウ・チュウ・コ、小型のフナ＝ガンゾ・ガンブなどで、実際はチュウマル、ヒラカマ、ジョウムク、ヒワラムクなど種類と等級ごとに言葉を組み合わせて使っている。これらの呼び名は漁協ごと地域ごとに少しずつ違っているので、詳しく調べればもっと多くのフナの呼び名があると思われる。

ある種の魚に多くの呼び名があるのは、その魚がどれだけ人間に利用され、重要視されているかの指標にもなり、それだけ琵琶湖のフナは滋賀県の人にとって関わりの深い魚と言えるのではないだろうか。

（桑）

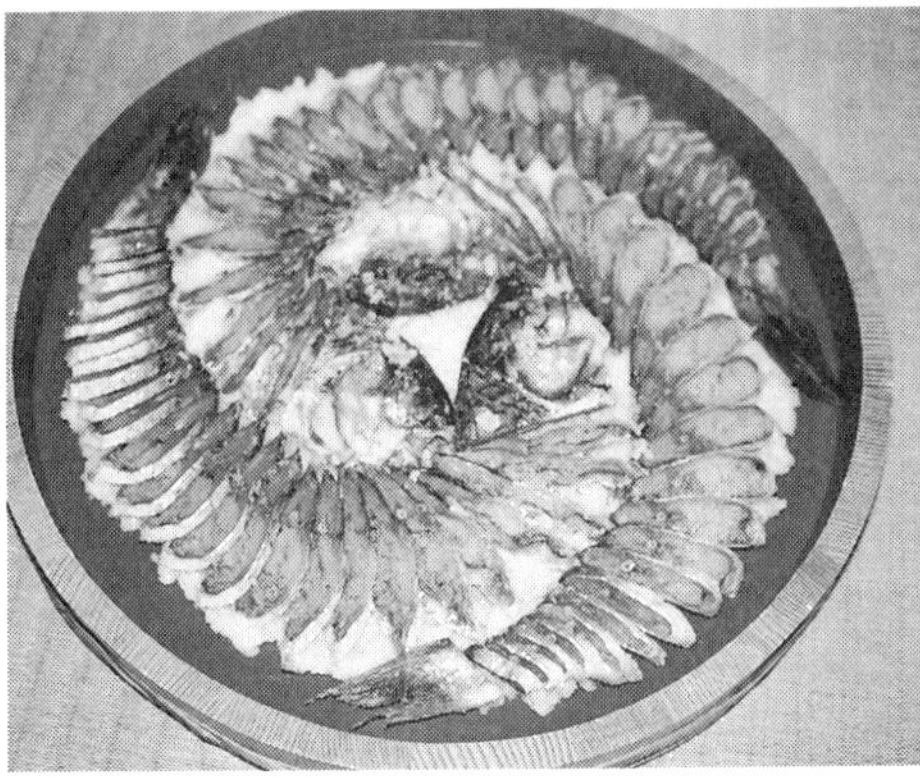

フナずし

フナずし

近江の味として知られ、一度食べたらとりこになるか、それとも二度と食べたくなくなるかと言われるフナずしは、すしの原型とされる馴れずしの一種である。春先にまとまって獲れるニゴロブナを、若狭などから入ってくる塩、豊富な水と地元産の米を材料に微生物の力を利用してつくる保存食であると紹介されることが多い。しかし、その味と製造技法を知ると、保存だけが目的でなく、人の長い経験の積み重ねによって完成した、湖魚をよりおいしく高度な味に加工する究極の食品のひとつと思えてくる。

ゲンゴロウブナやギンブナでもフナずしを漬けることはできるが、フナズシにはニゴロブナが好んで使われる。その理由は、頭が大きく鰓《えら》ぶたから内臓を抜きやすい、骨が早く柔らかくなる、フナズシの卵と身のバランスがよいことがあげられる。また、三種のフナ中ではニゴロブナが一番おいしいとも言われている。

（桑）

フナのあら汁

フナのあら汁

機会があって、近江八幡市の西の湖でフナタツベ漁を専門に営まれている保智為治《ためじ》さんの漁に同行させてもらった。タツベは、割った竹を円筒状のカゴに組みたてたカゴ漁具の一種で、フナが卵を産みつけるヨシ帯や水草の中にしかけられる。それにはコツがあって、入り口を魚のやってくる沖に向けるのではなく岸の方に向ける。またタツベの天井が水面から少しだけ出るように浅い所にしかける。こうしないとフナの入る量が全然違うという。雨が降るとフナの産卵が活発になって、たくさんタツベに入るのだが、当日は晴天が続いたあとなので漁はいまひとつだった。それでも子持ちのフナが何匹か獲れたので、ちょっと食べて行けと、その場で料理をしてくださった。

船の生け簀のフナは船板の上であっという間に洗いになった。卵や残ったアラは包丁でたたき切り、卓上コンロの鍋で煮たったら、アクをすくい取り味噌を溶き入れる。その場で獲れたフナと味噌だけで一食分のおかずができあがった。フナの洗いは身がき

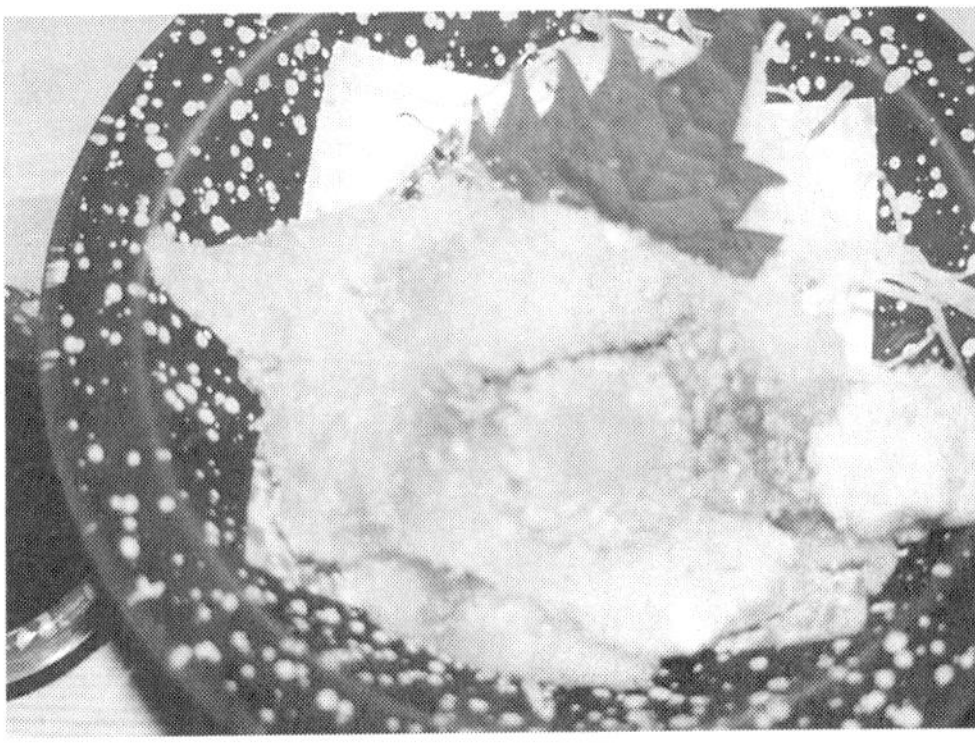

子つけなます

ゅっと引き締まり、あら汁は表面にフナの脂が浮き、骨からのうま味が出た濃厚な味で、新緑の湖辺のヤナギを眺めながら、フナの味を堪能した。（桑）

子つけなます

フナには刺身や洗いだけでなく、「子つけなます」または「子まぶし」という料理方法がある。冬から春にかけて、産卵前に獲られる雌のフナはお腹いっぱいに卵を持っている。フナを三枚におろし、身はあらかじめ刺身か洗いにしておく。生のときは暗緑色の卵を塩ゆでにすると、さっと鮮やかな橙黄色《とうおうしょく》に変わる。ほぐしながら血筋や薄皮を取り除き、布巾で絞ってよく水気を取る。これをフナの身にまぶして盛りつけると、白い身に黄色の色合いが加わって見栄えのよい料理といなる。ゆでた卵の水気をよく切るのがコツで、こうすると子のつぶつぶがきれいに身にひっつく。

この料理はニゴロブナやギンブナでもできるが、特にゲンゴロウブナは体高があり、大きくなるフナなので身がたくさん取れ、

ガンゾの煮付け

また卵の粒が小粒であざやかな黄色になることから好んで使われる。一尾の雌から多くの卵が取れるので、子を持たない雄のフナからも刺身を作って子をまぶす。同じようにコイを使った子まぶしもあるが、卵の粒がフナよりもすこし大粒である。

以前、県外から来た人に滋賀県ではフナを生で食べると言ったら、すごく驚かれた。琵琶湖の広大な沖合いにすんでいるフナを使った、工夫をこらした料理をぜひ一度味わってもらいたいものだ。

（桑）

小ブナの甘露《かんろ》煮・ガンゾの煮付け

小ブナの甘露煮は、正月の重詰、祝い膳、その他諸行事の時には必ず作られるのが古くからの慣わしであった。甘露煮は、小ブナを下処理した後、遠火の中火でこんがりと白焼きにしてぬめりを取る。次に、鍋底に竹の皮を敷き、白焼きにした小ブナを並べる。竹の皮はこげ防止と、盛り付けるときに魚の身が崩れるのを防ぐ工夫である。これに薄く出した番茶を小ブナがかぶるくらい注ぎ、酢、酒を加えて、中火から弱火で二〜三時間煮る。番茶を加えると骨まで軟らかくなる。煮汁が少なくなったら、砂糖、味醂、濃口醤油を入れてさらに煮込み、煮汁がなくなるまで煮詰め、炊き上がったら熱いうちに別の容器に移して冷ます。時間をかけて煮るため、骨まで軟らかくなり、丸ごと食べることができ、ご馳走の一品とされる。

小ブナで一〇センチ以下のものをガンゾという。これを煮付けにすると美味しい。ガンゾを下処理し、鍋底に竹の皮を敷きガンゾを並べ、番茶で一時間ぐらい煮て臭みがとれたら、醤油、ザラメを加え、さらに一時間ぐらい煮る。そして、味醂を加えて照りを出して仕上げる。一五センチ以下のフナは、現在では捕ってはいけないこととされている。そのため、ガンゾの煮付けは幻の味となってしまった。

（高正）

コイ　鯉

琵琶湖では古くからコイの増殖が行われ、今も野ゴイが獲れている。

コイはその堂々たる姿と生命力から賞賛され、龍に化する魚という中国でのいわれから、淡水魚の王者とされている。そのため、祝い事やもてなし用などによく用いられる。かつては川の一部を屋敷内に取り込み、コイを生け簀で飼っている家が多く見られた。

ハレの日や急なお客さんが来られた時のもてなしには、コイのあらいやコイこく、あら汁などがよく作られた。コイ料理にはこの他に、コイの筒煮やコイの馴れずし、コイ煮麺などがあり、これらも各地の行事食として今に伝えられている。

コイは十一月から三月頃までが脂がのっておいしい時期なので、この時期のものをコイこくなどに用いるとよいが、あらいには夏の脂の少ない時期のものがよい。

中国料理でもコイはよく用いられ、丸揚げ甘酢あんかけにしたものなどがある。

（小島）

コイ

コイのあらい

コイのあらい

コイなどの淡水魚を刺身にする時は、「あらい」という手法をとることが多い。これは生きたコイを刺身状に切り、すぐに氷水にさらして、身をコリコリとした舌ざわりに仕上げたものである。身が引き締まったらザルに上げ、布巾で水気を取って充分に冷やす。この方法は、エネルギーを貯蔵しているATP（アデノシン三リン酸）を洗い流すことにより筋肉を収縮させ、死後硬直を一気に起こさせたものである。冷たくてコリコリとした舌ざわりは涼感を呼ぶだけでなく生ぐささも薄れる。コイなどの淡水魚を、生でおいしく食べるすぐれた方法である。［第四章、200ページも参照］

コイが子持ちの場合は、子を辛目の塩水でほぐしながらゆで、薄皮を取る。これをザルに上げて水でさらしてから布巾で硬くしぼり、あらいにまぶし付ける。これを冷蔵庫で充分冷やす。これは一般に「子付け」とか「子まぶし」と言われている。

コイの洗いにはどろ酢味噌をつけていただくことが多いが、これは辛子酢味噌のことで、これをつけることにより生ぐささがさらに薄れ、おいしくいただける。

（小島）

コイこく

コイこくとはコイの濃漿《こくしょう》仕立てのことで、濃漿とは薄めの味噌汁に身を入れてよく煮込み、濃いめに仕上げたものを言う。こいこくの本来の作り方は、内臓を出したコイを鱗《うろこ》ごと筒切りにし、ほうじ茶で長時間炊き、味噌を入れて煮込んで作る。

しかし、何かのもてなしの際には、コイのあらいがよく作られるので、その「あら」で、あら汁がよく炊かれる。コイのあら汁をこいこくと言っていることがしばしばある。コイのあら汁はよく炊かれているので、ここではコイのあら汁について説明する。まず、あらを汁わんに入るくらいの大きさに切っておく。昆布だしをとってその中に味噌の三分の一量と酒少々を入れ、沸騰したらあらを入れる。中火でアクを取りながらしばらく炊き、だしがよく出れば、残りの味噌とさいの目に切った豆腐を入れて一煮立ちさせて火を止める。椀についでネギを散らす。こいこくは骨ま

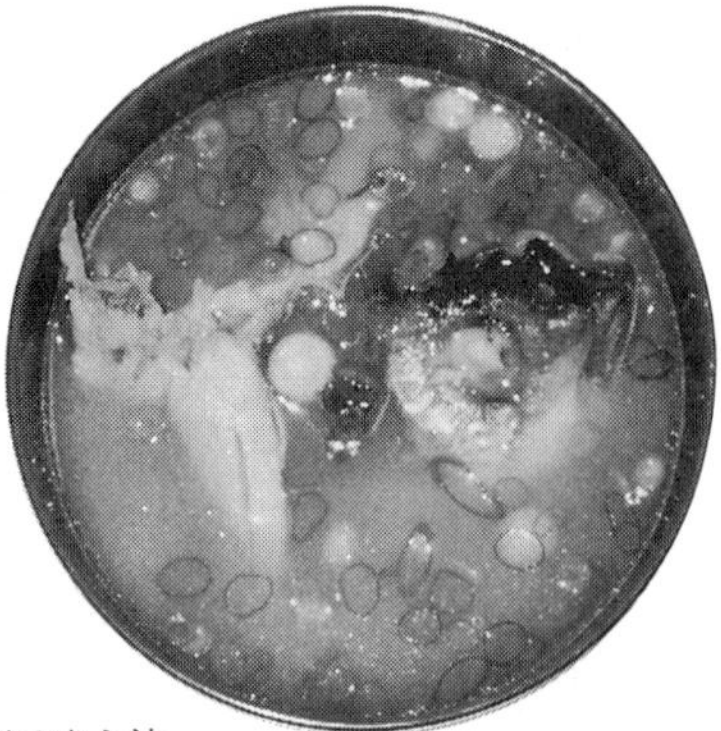

コイのあら汁

で食べられるが、あら汁はあくまであらを汁のだしにしたものである。

濃漿仕立ては味噌により魚の生ぐさみを消し、おいしく仕上げる方法である。魚のあらはあら炊きにもされるが、汁にしてうま味を取り出すという方法もあらの有効利用で、よい方法である。

かつてお産の後、母乳の出がよくなるというので、産婦はよくコイのあら汁を飲んでいたようである。粉ミルクなどない時代、あら汁は子供の命を育てる母乳の分泌を促す大切なものであった。

（小島）

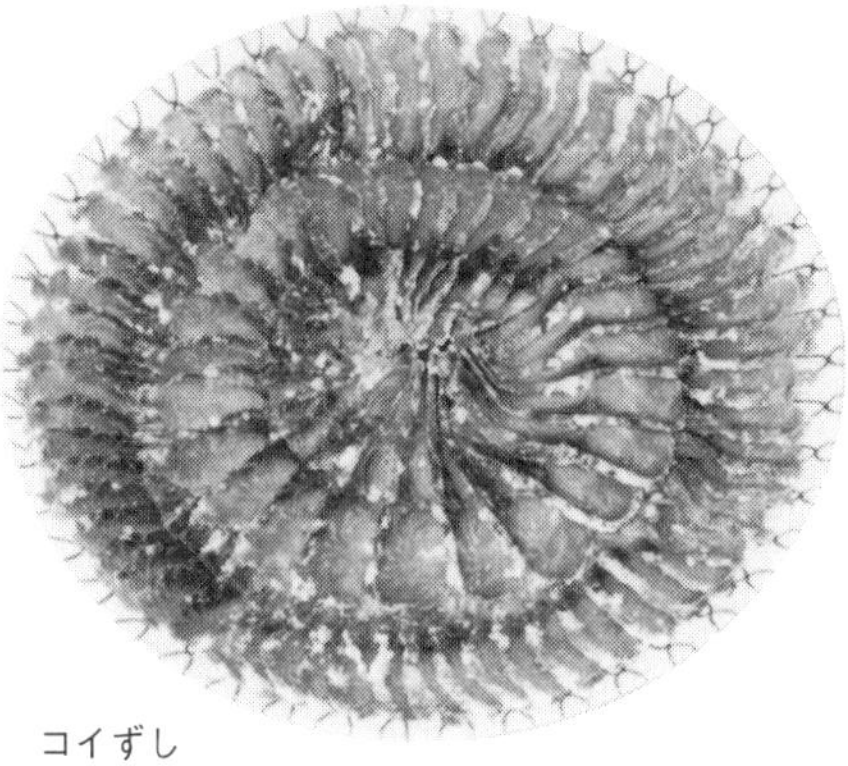
コイずし

コイずし

コイずしは草津市の湖岸沿いの地域で、今もフナずしと同じようにごく日常的に漬けられている。ほどよい大きさのコイやいきのよいコイはあらいにされるが、それ以外のものが大量にとれた時は多くはすし用に塩切りされる。特に五月から六月にかけてタツベで獲れるコイは傷ができやすいのですし用にされる。コイは

コイずしを漬ける

骨が硬いので身だけを漬ける。ニゴイ（マジカ）も獲れた時はコイと同じように身をすしにする。

琵琶湖の烏丸《からすま》半島沖（草津市）にタツベをしかけ、コイが入っていれば、すぐすしに加工する。まず、コイの鱗をふいて、三枚おろしにし、皮もはいで刺身のように身だけにする。油を取り除くために一度塩水で洗う。それを身の重さの半量ぐらいの塩で漬けて三カ月間ほどおく。

その後、フナずしと同じように主に夏に飯《いい》漬けをする。まず、塩切りコイを桶から出してタワシでこすってよく洗う。これに金串をさして吊し、半日ほど陰干しにする。飯は生の身三キログラムに対して米一升三合ほどを早くに炊いておき、よく冷ましておく。手水には焼酎を使い、塩少々と麹《こうじ》一合ぐらいを入れて、コイの身をあまり重ねないようにして飯で漬ける。重石をしておくと三日から四日ぐらいで水が上がってくるので、新たに水は張らずにこのまま十一月頃までおく。途中水管理や衛生上の管理は怠らずにやっておく。

フナずしと違って骨がないので、比較的早く漬かるが、口切り

①コイを三枚
におろす

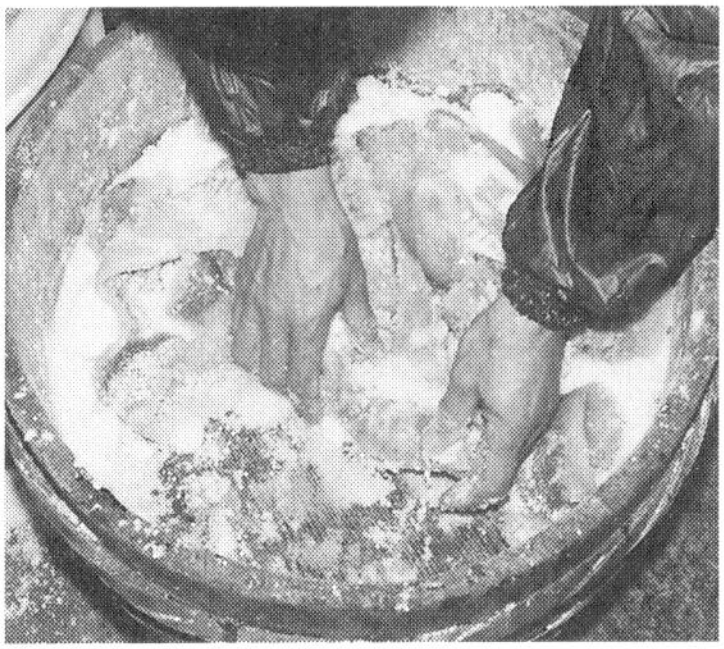

②皮をはぎ、身だけにする

③これを約3カ月間、塩漬けする

④桶から出して塩をきれいに取り除き、金串にさして陰干しする

⑤飯、塩、麹を加えて漬け込む

コイとフナをいっしょに漬ける家もある

後、一年間ぐらいはおいしく食べられる。食べる時はフナずしのようにご飯をこそげ落とし、刺身状にできるだけ薄く切る。身だけを漬けるので、味はフナずしに比べて淡白で、洗練されたものに仕上がる。麹や焼酎が入っているので、初めての者でもとても食べやすい。草津ではフナずしといっしょに同じ桶に漬ける家もある。

コイずしの歴史は古く、中国の六世紀の「斉民要術」という本に漬け方が書かれているが、草津市志那《しな》町で漬けられている方法によく似ているのに驚く。（小島）

コイの筒煮

コイは体が大きく美味で栄養価も高い魚である。筒煮は身も卵も内臓もすべて食べ尽くす料理で、それぞれの部位の味や食感が十分楽しめる。

料理には必ず生きたコイを使い、ニガダマとも呼ばれる胆嚢《たんのう》を潰さぬ注意が必要である。一尾、一キロ二〇〇グラムほどのコイ

コイの筒煮

の鱗を取り、頭と尾を落とす。内臓は取り出さずニガダマを取る。幅二センチのぶつ切りにする。鍋に醤油、砂糖、酒、水を沸騰させ、コイを入れる。落としぶたをして強火から中火で煮る。煮汁が煮つまってきたら、味醂を加える。実ザンショウを入れてもよい。筒煮を作るとき水を加えるのは、身が軟らかく、味がまろやかになるためである。

端午《たんご》の節句の鯉のぼりは、コイの生命力の強さにあやかって子供の健やかな成長と、立身出世を願ったものだ。せめて端午の節句には家族揃って柏餅はもちろん、コイの洗いや、コイの筒煮などで祝いたいものである。（肥）

モロコ　諸子

モロコは、以前は琵琶湖に注ぐ川でもよく獲れたが、近頃では、漁獲量が少なく高級魚である。四月から九月頃まで小糸網《こいと》で獲る。

モロコは、琵琶湖の浅瀬のヨシやヤナギの木の下に、卵を産むために集まってくる。湖北地域では「やなぎモロコ」と呼ばれている。モンドリカゴと呼ばれる竹で編んだ筒状の漁具で獲る。

昔は、琵琶湖に近いびわ町下八木《しもやぎ》あたりの小さな川や、また、姉川や田川など豊かな川の近くでは「びんづけ」という一升びんの半分くらいのガラスの魚とりの道具で獲った。

獲り方は、びんづけの口のところにひもを巻きつけ、川上に向けて棒にくくってつけておく。えさは味噌を丸めたものを使う。中にいれておくと、ボテジャコがたくさん入る。その中にモロコが混って獲れた。

（鵜）

ホンモロコ

モロコの素焼き

モロコの素焼き

「舟の上で焼いて食べるホンモロコの素焼きは最高だ」と絶賛する漁師さんは多い。モロコは琵琶湖だけではなく、小川にも群れていて、アユやメダカとともに最もなじみのある淡水魚である。モロコは冬場、身がひきしまり、骨も軟らかくて、おいしい季節である。琵琶湖のモロコは、ホンンモロコ、スゴモロコ、デメモロコ、タモロコがいる。その中でもホンモロコは琵琶湖固有種であり、モロコの中で最も美味しいと定評がある。京都の高級料理店に出回るのもホンモロコである。一月から三月にかけて子を持っていて、四月初旬に産卵のために岸に寄ってくる。

しかしこのところ、ホンモロコは激減している。スゴモロコは今でも獲れているのだが、ホンモロコは川魚専門店の店頭でも姿をみかけなくなってしまった。琵琶湖を代表する味であるだけに残念である。

モロコを素焼きにして食べるのは、一番素朴な食べ方である。素焼きすると、魚の臭みも取れて、上品な味になる。素焼きは鮮

モロコの南蛮漬

度が要求されるが、モロコのおいしさを知る上で欠かせない料理法である。串にさして炭火で素焼きして、温かいうちにいただく。オーブンを使う場合は、二五〇℃くらいに温めてから、魚をのせ五分間ほど焼くとよい。酢醤油で食べてもいいし、どろ酢味噌やタデ酢で食べてもおいしい。

（堀）

モロコの南蛮《なんばん》漬

南蛮漬には比較的大きめのモロコを使う。まず、串に刺して素焼にする。素焼にしたモロコを串から抜いて一六五〜一七〇℃の油でカラッと揚げる。気長に揚げるとよい。鍋に砂糖、醤油、酢、種を取って小さく輪切りにした赤トウガラシを入れて一煮立ちさせる。揚げたてのモロコを調味料の中に入れて漬け込み味を含ませる。皿に盛って、好みでネギの小口切りを散らせると美しい。モロコの骨や頭も柔らかくピリッと辛みのある南蛮漬は食欲をそそる。

また、モロコを素焼にせず片栗粉をまぶし、揚げて調味料につ

モロコ佃煮

け込むという方法もある。

手間ひまかけた南蛮漬は、高級品でなかなか口にできない。

（鶴）

モロコの佃煮《つくだに》

モロコを、砂糖、醤油、酒、味醂でじっくり煮込んだ佃煮は、醤油煮とも呼ばれ、代表的な湖国料理である。

魚の臭みを取るため、サンショウや土ショウガのせん切りを入れて煮ると一層おいしい。ハレ食として大皿に盛って出すとコアユや雑魚よりも大きめの魚なので立派に見える。やはり高級魚の風格がある。

（鶴）

モロコの田楽《でんがく》味噌

田楽味噌は、砂糖と赤トウガラシの粉を入れて、ねり味噌にする。焼いたモロコに塗り、それを再び焼くと、味噌の風味がモロコを一層おいしくする。

最近では、モロコも、ボテジャコも川で獲れることもないし、モロコが手に入っても家で焼いたり、ねり味噌を作るということもめったにしない。モロコの焼き串を買って、土ショウガや、甘酢をかけて食べるくらいで、モロコの田楽はほとんど目にしない。昔が懐かしいお年寄りの青春の味となってしまった。

（鶴）

ビワマス　鯇

サケ科の魚で、琵琶湖の代表的な固有種である。冷水を好むので、ふだんは琵琶湖の北湖を中心に、中層から深層まで比較的深いところを回遊して生活している。スジエビやアユ、イサザなどを食べ、成長すると重さが三〜五キロにもなる。目がよいので、月夜には刺し網などにかからない。

ビワマスは五年間ほど、琵琶湖中深層で過ごし、産卵期を迎えると、湖岸近くに上がってくる。産卵期のビワマスは横腹にピンクの婚姻色《こんいんしょく》が出て美しい。ビワマスの産卵期は、九月から十月である。八月の土用明けより、ビワマスのことを雨の魚（あめのうお、あめのいお、あめのう）と呼んでいる。雨が降って増水した時に、川に大挙して昇ってくるので、この呼び名がある。

おいしい魚なので、滋賀県では明治の頃から増殖に力を入れてきた。昭和三十年頃は、ビワマスが多く獲れて、大阪などへも出荷されていた。北湖で漁をする人によると、今はその頃に比べて、数分の一に減ってしまった感じがするという。現在は保護のために、十月を中心に禁漁期間が設けられている。

（堀）

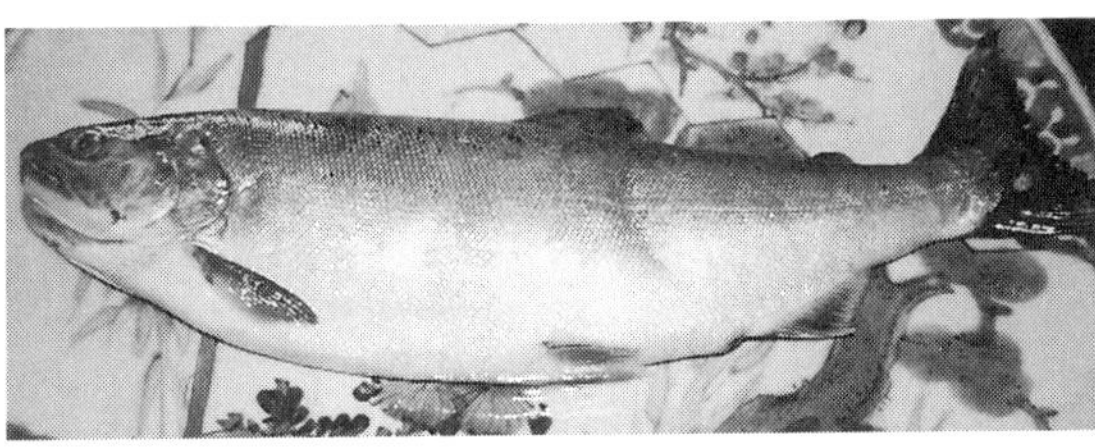

ビワマス

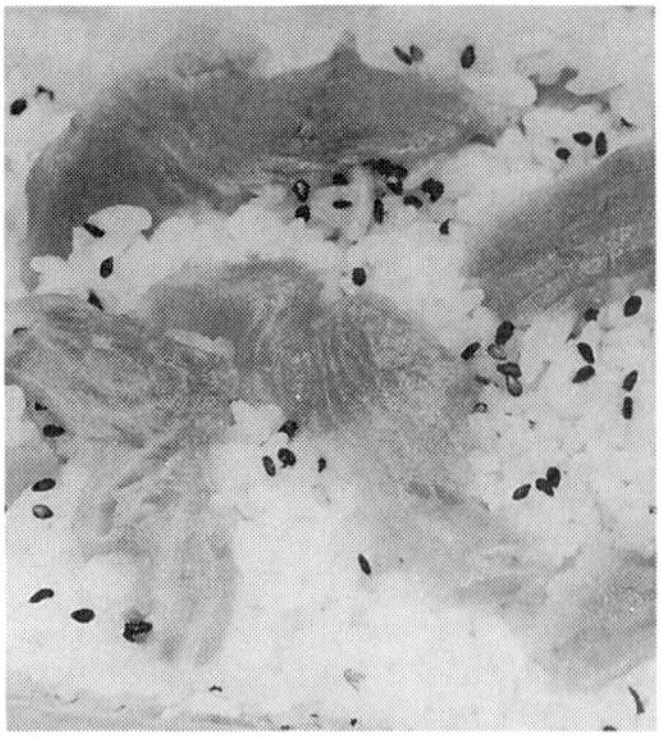

ビワマスの早ずし

ビワマスの刺身

ビワマスの刺身

ビワマスは、淡水魚特有の臭みがなく、琵琶湖の淡水魚の中で、最もおいしいとされる魚である。利用法としては、刺身利用が最も多い。新鮮なビワマスが手に入ったら、三枚におろして刺身にする。ビワマスの刺身は、琵琶湖に出ている漁師さんも推奨するほどの絶品の味で、マグロのトロにも負けない。冬場から七月までのビワマスが身に脂がのっていて特に美味しい。秋の産卵期になると、卵に栄養がいってしまうので、ビワマスを刺身にしても美味しくない。

（堀）

ビワマスの早ずし

マスの早ずしは、酢締めしたビワマスを散らしたすしである。野洲や南浜では、春祭りや法事、祝い事など「客呼び」や「まぜごと」がある時に作られる。ビワマスを三枚におろして薄く切り塩をしてから、酢と砂糖の甘酢に三時間ほど浸けて、薄切りにする。その切身をすし飯に散らして作る。白い御飯の中にピンク色のマスの身が映えて美しいすしになる。黒ゴマを入れてもおいしい。

（堀）

（上）ビワマスを丸ごと、釜に入れる
（左）炊きあがると身はほぐれている

アメノイオ御飯

ビワマスの伝統料理として、炊込み御飯が知られている。平成十年（一九九八）に滋賀の食文化財のひとつに選ばれた。秋の産卵期のマスを使うことが多く、野洲、安曇川ではアメノウオ御飯、アメノイオ御飯、アメノウ御飯と呼ばれ、尾上、菅浦ではマス飯と呼ばれている。アメノイオ御飯は、脂の落ちたビワマスをおいしく食べるために工夫された料理法である。

炊き方は地域によって異なる。中主町安治《あわじ》では丸ごと大鍋で豪快に炊きあげ、西浅井町菅浦では切身にしてから炊きこむ。野洲町妙光寺では、マスをだし汁で先に炊くが、生のままで炊きあげる所も多い。ニンジンやキノコをいっしょに入れたり、油揚げを入れたりと、中味も地域や家々でいろいろである。湖西ではマス

アメノイオ御飯

をゆでて、そのゆで汁を使って御飯を炊き込むところもある。
アメノイオ御飯は、松茸御飯とともに、秋を代表する味覚であり、特に湖岸でしか食べられないご馳走である。丸ごと炊く場合は、炊き上がったら、マスの身をほぐして骨と皮を除いて、卵や御飯と混ぜ合わせる。炊き立ての熱いうちが特においしい。

（堀）

ビワマスのコモ巻き

コモ巻き保存法は、ビワマスを三枚におろしてから、荒巻サケのように塩をして、コモに巻いて保存するもので、現在はもうコモ巻きにする家はなくなった。このコモ巻きにした塩マスは焼いて、農繁期《のうはんき》のおかずとなった。また、コモ巻きマスで早ずしを作ることもあった。

びわ町南浜にはさらにビワマスを使った茶碗蒸しの「味噌蒸し」がある。上品な味に仕上がるので、南浜では人気の料理である。この料理法も南浜近辺の文化であり、ビワマス利用の多様性をあ

らわしている。（堀）

こけらずしを漬ける

こけらずし

びわ町ではビワマスの馴れずしをこけらずしという。他の淡水魚の馴れずしとは作り方が違い、できあがりの風味も変っている。また他の馴れずしが琵琶湖の周囲で分布しているのに対して、びわ町南浜周辺にしか分布していない独特の馴れずしである。南浜は東浅井郡びわ町の南西部に位置し、姉川河口に開けた古くからの漁村で、北湖のビワマスが多く水揚げされてきた。ビワマスは身が軟らかく、フナやウグイを馴れずしにする漬け方では、飯漬け発酵の途中で身が溶けてしまう。そんな中で南浜独特の加工法があみ出されてきたと考えられる。

「こけらずし」は、他の馴れずしが丸のまま一本漬けにされるのに対して、ビワマスを切り身にしてから漬けるので、こけら（かんな屑）様のスシということで、このように命名されている。

こけらずしにするビワマスは、脂が落ちた時期のものである。

こけらずし

脂ののった冬から七月までのビワマスは、刺身としては美味しいが、馴れずしには適さない。この時期のマスは脂が多すぎて漬けにくく身も崩れやすい。秋、産卵期で脂が落ちたビワマスをなれずしに加工する。卵に栄養を奪われるので、脂肪分も味も落ちる。この季節のビワマスをおいしく食べる方法として、こけらずしがあみ出されてきた。卵は崩れないように別にして漬けておき、飯漬けにする時に散らす。他の馴れずしは暑い頃に飯漬けにするが、こけらずしは味が変わりやすいので、気温の高い春から夏は漬けない。十一月から三月までの半年間がシーズンである。

作り方は、まず三枚におろしてから、切り身にして塩漬けにする。小ぶりのビワマスの場合は背開きにして、骨を除いてから塩漬けしておく。塩切りしたマスをよく洗ってから五ミリ位の厚さの切身にして飯漬けする。飯に麹《こうじ》を混ぜる、ショウガの千切りを入れるのも独特である。麹によって発酵が早く進み、甘味が出る。ショウガは甘味の中のピリッとした引き締め役であり、同時に雑菌を防いでくれる。

こけらずしの飯漬けは、正月や結婚式など客呼びのある日に仕上がるように、食べる時から逆算して飯漬けにする。飯漬け期間はおよそ四〇日間である。温度管理が一番神経を使うところである。桶を開けたら一週間以内に食べないと味が変わってしまう。

こけらずしはフナずしより酢っぱくなく、ほのかに甘いので、男性だけでなく、女性や子どもにも人気がある。正月やオコナイ、結婚式、新築祝いなどに欠かせない祝い食として位置付けられており、フナズシと並んで、最高のご馳走であることがわかる。

南浜は北湖のよい漁場に恵まれ、新鮮なビワマスを昔から大量に手に入れることができた。このことが南浜独特のビワマス文化を育ててきたといえる。

（堀）

ハス 鰣

ハスは、五月頃から八月までは人間の手の届くところにくるアジくらいの大きさの魚である。米原町と近江町を通る天野川では昔は川に足で踏みつけるほどハスがいた（今はほとんど獲れない）。川の中のハスを相網《あいあみ》漁で獲っていた。浅瀬のどちらかを決め、川下に小さい網を仕掛け廻っていって網を絞っていく漁法である。天野川には上多良《かみたら》漁業組合と下方の天野川漁業組合で簗《やな》がしかれていたが、今では簗もほとんどされていない。

琵琶湖のハス漁は五月から七月、天野川の河口で一・五メートルぐらいの浅いところで小糸網の刺網《さしあみ》漁で獲る。ハス漁には一二編（一尺に一二目）の小糸網が使われる。夕方、六〜七時頃に刺網を張る。翌朝四時過ぎに引き上げにいく。一束に三〇匹もかかっていると重い。かかったハスを網からはずす。ハスは泳いでいるときは速いが、水から揚げるとすぐ死ぬ弱い魚である。また、雌は雄の一割くらいしか獲れない。六月から七月上旬にかけての餌追いバスは肉がのっていて一番おいしい。土用バスは肉がだんだん減ってくるので、七月十日頃でハス漁は終わる。（中）

ハス

ハス子の煮付け

ハス子の煮付け

雌《め》バスは雄《お》バスより小さく、雄は骨が硬い。馴れずしには雌バスを漬ける。背開きにしてはらわたをとって塩切りする。「塩切り四十日」といって二カ月くらいするがご飯に漬けたら一週間ぐらいで食べる。

ハス子は三月頃に獲れる。ハス子は雑魚《ざこ》ずし（馴れずし）にもされるが、煮付けにもされる。安価な魚なので、春から初夏にかけて、日常的に食べられることが多い。ハス子の小さいのは、腹を取らずにそのまま煮付ける。骨もそのまま食べられる。ハス子の少し大き目のものは内臓を取ってから煮た方がよい。ハス子は身が軟らかくて、醤油だけの味で煮つけてもあっさりしておいしい。（中）

雌バスの車切り

「天野川のハス狩り」といえば有名で、近江町と米原町の境を流れる天野川の河口に六、七軒くらいハス専門料理店があった。

雌バスの車切り

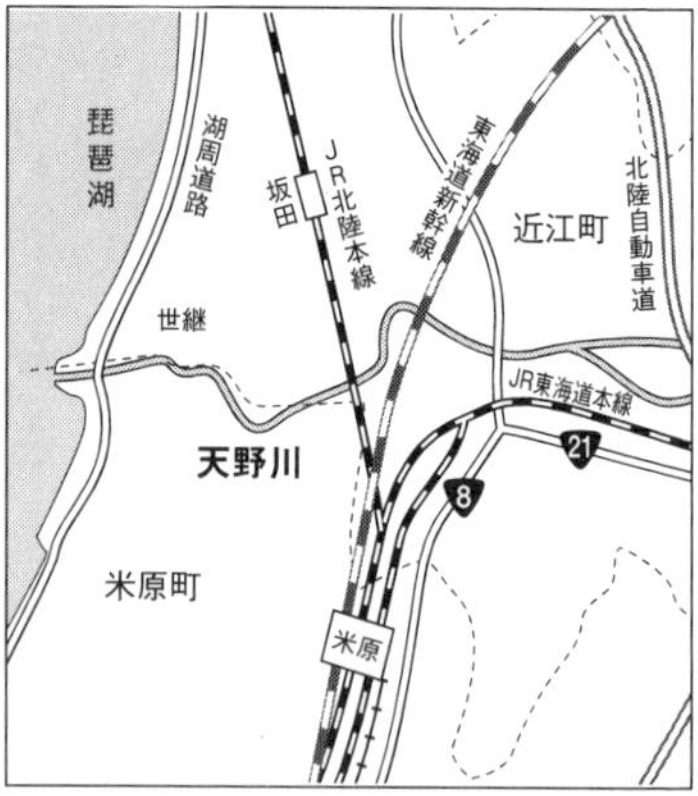

シーズンにはハスづくしの料理を食べに来る人でにぎわったものだが、今は琵琶湖のハス料理として近江町世継《よつぎ》にある料理店「やまに」が伝統を守るのみである。

雄バスは二〇センチ以上もあるが、雌バスはそれより一回り以上小さくやや桃色を帯びて美しい。雌バスは車切り、骨ごと食べる甘露煮やフライにする。車切りはいわゆる「あらい」の一種で生きた雌バスでないとできないため、滅多にできないという。昔、井伊藩士が兵隊を連れて天野川へ遊びに来て、漁師に魚を獲らして一寸刻みにヒントを得てやらせたのが始まりといわれている。生きた雌バスの頭を一叩きして脳しんとうを起こさせ、頭と腸（わた）を取り、水洗いしてから背鰭《せびれ》と胸《むな》鰭を取り、骨のまま薄く切る。身を切るのではなく骨を切るようにして一尾のハスを六〇切れ以上に切る。ザルに入れて一〇分くらい流し水でさらす。車切りは技術を要し、今では「やまにさんしかできない」といわれている。辛子酢味噌でいただく。［第四章、200～202ページも参照］

塩焼きの場合は、魚の中央線上だけ鱗を取り、斜めに飾り切りをして踊り串を打ち、二匹以上そろえて横に串を刺し、塩をふっ

を取り、付け焼きにする。　（中）

て焼く。二杯酢、たで酢でいただく。蒲焼きは背開きにして中骨

ハスの魚田《ぎょでん》

ハスは、一尾ないし数尾で琵琶湖の表層から中層を小魚を追って活発に遊泳している。晩春から初夏にかけては産卵のため岸辺に近づき、やがて群れをなして川をさかのぼる。湖西岸の志賀町雄松崎《おまつざき》付近のハス漁は有名である。

夏の魚ハスはこの頃が旬で、美しく婚姻色《こんいんしょく》をした雄は特においしいとされ、淡白で独特の味わいがある。ただし、小骨が非常に多いので食べる際には注意が必要である。

ハスは鱗を取り、盛り付けたとき下になる方の腹を切って内臓を出して、骨切りをし、素焼きをする。この表面の方に田楽味噌をつけて再び味噌がうっすらとこげるまで焼けば出来上がりである。この味噌が魚の生臭みを消してくれる。この味噌も各家で作っていた。　（古）

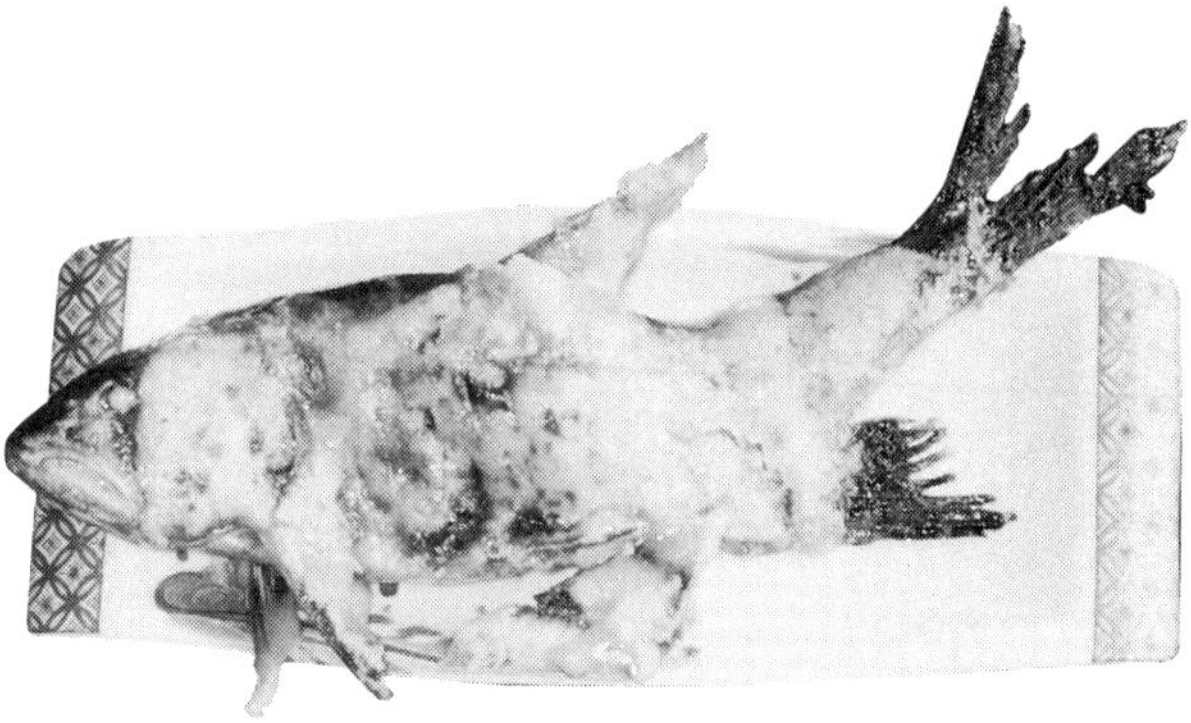

ハスの魚田

ウグイ 鯎

ウグイは、コイ科の魚で、日本の各地の川にすんでおり、ほかの魚がすめないような酸性の水質にも強い。雑食性で小魚から昆虫、藻類まで何でも食べるので、子供の釣りにもよくかかる。川だけで生活するものと、海に入ることができるものとがあり、関東地方ではハヤと呼ぶほか、各地に地方名が多くある。

琵琶湖産のものは、上下のあごの先端の長さが同じで鼻先が突き出ている。三〇～三五センチくらいの大きさになる。通常は、青色で目立たない色だが、産卵期になると雄、雌ともに腹が赤色に変わる。秋には、五〇～六〇センチもある成魚も網にかかり、イタチの顔に似ていることから「イタチウグイ」とも呼ばれる。

簡単に釣れるので、雑魚扱いされているが、地方により好んで賞味する。脂が少なく、味は淡白、大きいものより、やや小さいほうが味が良い。琵琶湖では魞《えり》にもかかるが、小糸（刺綱）で獲ると大きさもそろい、一番良いという。一～三月ごろが最もおいしい旬とされる。川へ産卵に昇るまでの、河口に接岸してきたウグイが栄養を含みおいしい。

（松）

ウグイ

ウグイずし

ウグイの煮付け

ウグイずし

馴れずしにするものは、魞か小糸網で獲ったものが良く、あまり脂がのっていると美味しくない。漬け方は、背割りして内臓を出した後、フナずしの場合と同様に漬ける。塩漬け三カ月、本漬け三カ月ぐらいで十月ごろには食べることができる。（松）

ウグイの煮付け

鍋にたまり醤油と酒を入れ、沸騰してきたら砂糖を入れ、むくって（沸騰して）きたら魚を入れる。脂が浮いてくるのですくい取る。約四〇分、強火で炊く。サンショウかショウガを入れる。色よく炊き上ってきたら水飴《みずあめ》（味醂だと固くなる）を入れて照りを出す。

　ウグイは高価な魚ではないので日常食によく登場した。子持ちウグイの煮付けには独特のおいしさがある。（松）

ウグイの背ごし

ウグイの背ごし

淡白な味の雄がよい。生きていた新鮮なウグイを使う。鱗を取り、頭を落とし、腹わたを取り出す。浮き袋も取り出す。

三枚におろして、腹骨をすき取り、皮はそのまま付けておく。身をきれいに洗い、皮を下にして、皮ごと五〜六ミリに切り離していく。冷水の中に切り落す。ザルに切り身を上げ、流水の中で、ハシで身をほぐしながら、よく水を切る。

半日ほど、冷蔵庫で冷やし身を引きしめる。水気がおちるよう、ザルのまま冷やすとよい。

味噌、酢、砂糖、味醂をよくまぜ合せた酢味噌を、皿に盛った魚の切り身の上からかけて、新鮮なところをいただく。

この他、塩焼き、魚田、天ぷら、から揚げなどにするが、酢のものにも向いている。（松）

イサザ　魦

イサザは、ハゼ科の淡水産の硬骨魚である。琵琶湖の固有種である。方言でイサダとも呼ばれる。伊香郡余呉町のあたりでは、ウキゴリとも言う。体長は三～五センチで、淡褐色をしている。頭と口が大きいひょうきんな顔で、あまり見ためはよくないが、味はよい。ヨコエビや水生昆虫の幼虫、動物性プランクトンなどを食べる。一年魚で、春（四～六月）に湖岸の浅瀬で石の下に卵を産みつけ、雄が保護する。

マキノ町海津、西浅井町、湖北町尾上などで漁が行われる。漁は九月一日に解禁され、翌年三月三十一日までである。沖曳網《ちゅうびき》で、水深五〇～六〇メートルの所で獲る。翌年三月頃には大きくなった成魚が産卵のために岸によってくるので、場所も限られるため楽に漁ができる。魞でコアユといっしょに獲れる。

一〇年ほど前からあまり獲れなくなり、一時は「幻の魚」とも言われた。琵琶湖の富栄養化で岸の石に苔《こけ》がはえ、産卵しにくくなったのが原因と言われている。二、三年前から再び少しずつ獲れるようになり店頭でも並ぶようになってきた。（鵜）

イサザ

イサザ煮

イサザ煮

醤油で煮るので保存性がよく、湖東で琵琶湖には接していない神崎郡五個荘町などでも郷土食として食べられている。

湖北地域では、ダイコン、ゴボウ、大豆などといっしょに煮る。昔から日常食として、また、正月、祭、オコナイなどハレ食には必ず煮る。特にオコナイでは、ダイコンと煮て、大皿に盛って出されるところもある。

イサザを手に入れたときは、早いうちにゴミをとり除き、水洗いしてザルにあげておく。鍋に醤油、砂糖、酒を入れて煮立たせる。最初にイサザの半量を入れ、落とし蓋をして強火で煮る。煮立ってきたところへ残りのイサザを入れる。味醂を入れる時は、まず半量だけ入れる。

アクや泡をすくい取り、残りの味醂を入れ、中火から弱火に変える。煮汁が少なくなってきたら鍋を傾けて、玉しゃくしで煮汁を全体にかけながら照りがつくように煮上げる。煮上がったらザルにあげ、汁気をしぼり器に盛る。

頭と口が大きいイサザは、どうしても頭が取れやすいが、新しいうちに処理をするとピンとして臭みも少ない。（鶴）

イサザ豆

イサザ豆

現在では、大豆は減反《げんたん》をする田んぼに植えて出荷している農家が多いが、以前は自家用に田んぼの畦《あぜ》で栽培していた。塗りたての田んぼの畦に、ちょんちょんと棒で穴をあけ、大豆を二、三粒ずつ入れて、その上から灰に糠《ぬか》をまぶしたものをかけてふさいでいく。十一月ごろ収穫する。大豆は味噌や、きな粉、煮豆などさまざまに利用する。

イサザと煮る大豆は、前日に水につけふやかしておき、柔らかくなるまで水煮する。ゆで汁をひたひたにし、醤油と砂糖を入れ、一煮立したら、ゴミをとってよく洗ったイサザを入れて強火で煮る。沸騰したらアクを取って混ぜないで煮込む。酒や味醂を入れると艶も出ておいしい。

煮る方法は、地域や人によって異なる。水煮した大豆に、先にイサザを入れ、魚が白くなってから調味料を入れる人や、イサザの佃煮の煮汁を別鍋に移して、その汁で大豆を煮て、イサザと混ぜて仕上げるなどさまざまである。
イサザと大豆は相性がよく、大豆もまたおいしい。（鵜）

イサザのじゅんじゅん

イサザのじゅんじゅん

漁港のある湖北町尾上のあたりでは、以前はイサザがよく獲れた。特に一月から二月の寒い夜は、新鮮なイサザでじゅんじゅんを作った。コンロに炭火をおこし、土鍋で青ネギと薄口醤油だけで味付けした素朴な食べ方だった。また、獲れたてのイサザで作った味噌汁も漁港ならではの食べ方である。近頃は知る人も少ないが、具は昔よりも豊富になった。

作り方は、その日のうちに獲れたイサザを用い、ゴミをとりよく洗っておく。鍋に昆布と水を入れ、だし汁をとる。その中へ薄口醤油と酒を入れ味をつける。煮立ってきたらイサザを入れる。火が通ると色が白く変わる。身が崩れやすいので混ぜないように気をつけながら、ネギや豆腐を入れる。青ネギとの相性もよく見た目も美しい鍋料理である。

琵琶湖を愛し、湖魚に詳しい尾上の漁師、松岡正富さんは、イサザのじゅんじゅんの愛好者の一人である。イサザは、ハゼ科独特のコクが出るので必ず薄口醤油を使うこと、また、風味を引き出すために必ずだし汁の煮立ったところへイサザを入れていくなど、おいしく食べる方法を教えてくださった。子を持つと風味が落ちるので、十二月から二月までのイサザをじゅんじゅんにすると絶品であるとのこと。滋賀県人なら一度は食べてみたい伝統料理である。

（鵜）

ゴリ　鮴

地方によっては、淡水魚のカジカ（カジカ科）をゴリと呼ぶ所もあるが、琵琶湖周辺ではハゼ科のヨシノボリをさす。ウロリとも呼ばれている。

初夏から夏にかけて、琵琶湖では沖曳網《ちゅうびき》で、ヨシノボリの稚魚をとるゴリ曳きがおこなわれる。

日本のほとんどの水域にすんでおり、琵琶湖でもなじみのある魚である。吸盤状の背びれを持ち、ヨシなどにくっつくので、この名がある。湖岸の石ころの多いところが好きで、稚魚は湖の底から少し浮き上がって群れている。初夏の頃、雌が石ころの裏に産卵すると、雄が卵を守り、世話をする。

味はとてもよく、湖魚の佃煮の中でも人気がある。（編）

ゴリ

ゴリの佃煮

ゴリの佃煮

ゴリは湖魚の中でも肉質が軟らかく、鮮度の落ちるのが特に早い。二時間以内に鍋に入れて加工しないと煮崩れて溶けてしまう。獲れたら舟から加工所に直行して、ただちに佃煮にする。

ショウガでおいしく炊かれた佃煮は、暑い夏、おおいに食を進めてくれる一品である。ゴリはザルに入れて手早く洗い、砂を除いておく。醤油、三温糖、酒を入れて強火で沸騰させ、ゴリをほぐしながら入れる。魚の臭みを消すために、ショウガか実ザンショウを入れる。

（編）

ギギ　義義

昔は琵琶湖でミミズを使ってフナ釣りをしていると、小さなナマズに似た魚がよくかかってきた。ギギというこの魚は名前のとおり、釣り上げたりして怒らせると、胸びれの付け根の骨をこすり合わせてギーギーと音を立てる。いつも針を飲みこむので釣り人にはじゃま者扱いされ、ポイと捨てられているのを見かけたが、知る人ぞ知るたいへんおいしい魚である。

少し年配の方と琵琶湖の魚を食べた会話をすると、なぜか話題に上がるのがギギのぶつ切りが入った味噌汁や、煮付けを食べたあとの骨にお茶を入れて即席のすまし汁にして余すことなく食べたという話だ。実際に料理してみると、肉質はきれいな白身で引き締まり、ウナギに近い感じである。脂はそれほど多くないが、味に旨みがある。以前は細いロープにたくさんの針をつけた延縄《はえなわ》漁や、石垣の穴に潜むギギを細い竹の先にミミズをつけて釣る独特の漁法で獲られていた。

ギギは滋賀県の身近な食文化をささえる魚であったが、最近は琵琶湖でめっきり少なくなってしまった。（桑）

ギギ

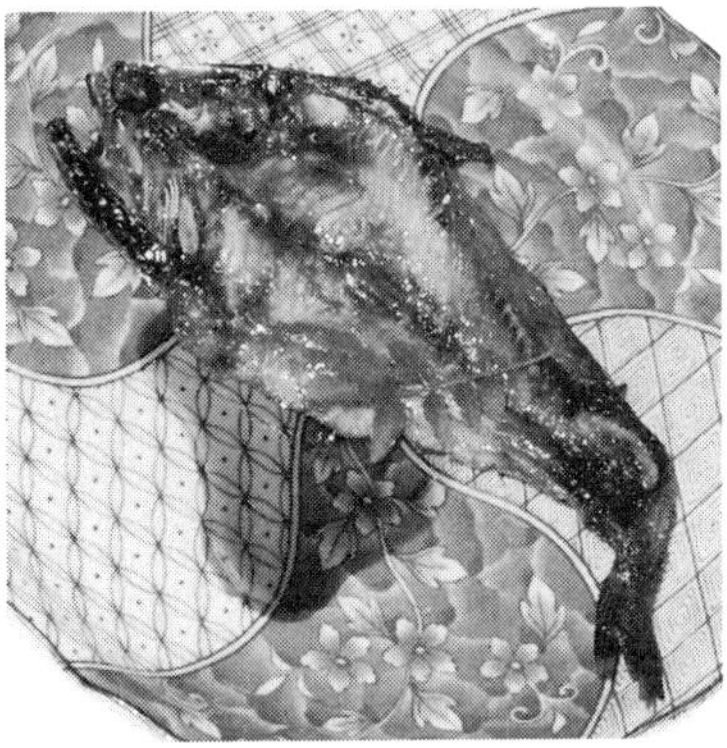
ギギの蒲焼き

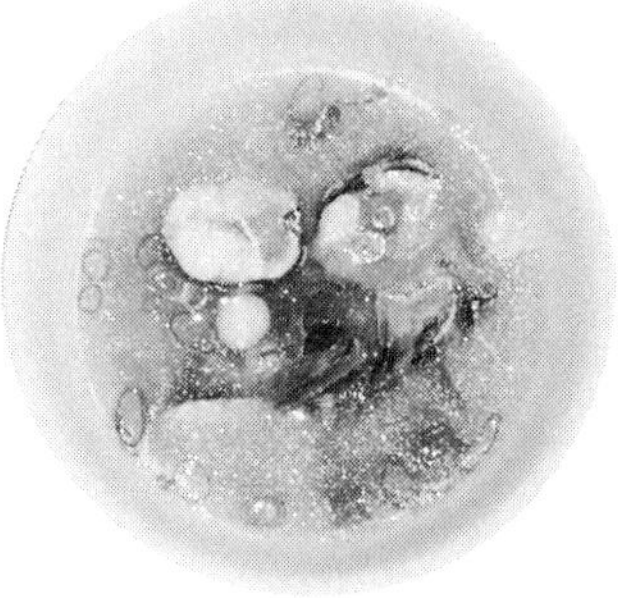
ギギの味噌汁

ギギの味噌汁

ギギは値が安く売れない魚であるため日常のおかずになる。子供たちは、とてもこわい顔をしたギギをいやがるが、味噌汁に入れたり、澄まし汁に入れて卵を割りほぐしてやると喜んで食べる。

ギギの蒲焼き

ギギは蒲焼きにもする。とげに刺されないように腹を開いて、はらわたを出す。まず、七輪に火をおこし皮の部分から焼く。両面に火が通れば、砂糖醤油をつけて、三、四回繰り返しじっくり焼くが、脂が多いので焼きにくい魚である。

また、砂糖と醤油で煮付けにもする。煮付けを食べた後、熱いお茶をかけるとおいしいお汁ができる。特に目のところや、三つ骨（頭部にある三つの骨。三《みつ》道具ともいう）のところにおいしい身があるのでよくこのようにする。

ギギに泥をすりつけ、蒸し焼きにして粉末にして飲むと、肺病の薬になるともいわれている。（田）

ギギの魚田

ギギの魚田

ギギは蒲焼きにして食べることが多いが、魚田にしても美味しい。ギギをまず炭火で素焼きしてから、田楽味噌をつけて、再び炭火にかざして魚田にする。ギギを獲るのは苦労も多いが、白身のおいしい魚であり、味噌味ともよく合う。（編）

ウナギ
鰻

日本のウナギは太平洋の南方はるか遠くで産卵し、生まれた子供が黒潮にのって日本の沿岸に帰って来る。天然のウナギがすみつくには、海とつながった川や湖でなくてはならない。江戸時代に書かれた「湖中産物圖證」や明治時代の「近江水産図譜」にも琵琶湖のウナギの記述があり、当時は琵琶湖へ海から上ってきていたと考えられる。

ところが、唯一の流出河川である瀬田川下流に、昭和三十九年（一九六四）に天ヶ瀬《あまがせ》ダムが完成し、天然のウナギ稚魚はまったく海から上れなくなった。そこで海で生まれたマッチ棒ほどの稚魚を獲り、養魚池で大きくしたものを、毎年滋賀県漁連が一～二トン放流している。その結果、現在も毎年二～一〇トンの漁獲がある。

ウナギは魞《えり》や延縄《はえなわ》の他、節を抜いた一メートル程の長さの竹を二～三本束ねたウナギ筒という独特の漁法でも漁獲されている。ウナギは狭い穴を好んですみかにする性質があるので、これを湖底に沈めておき入ったところをたぐり上げる。ただの筒なので、感づかれないように、水平のままゆっくり水面まで上げるのがコツである。（桑）

ウナギ（滋賀県立琵琶湖博物館 提供）

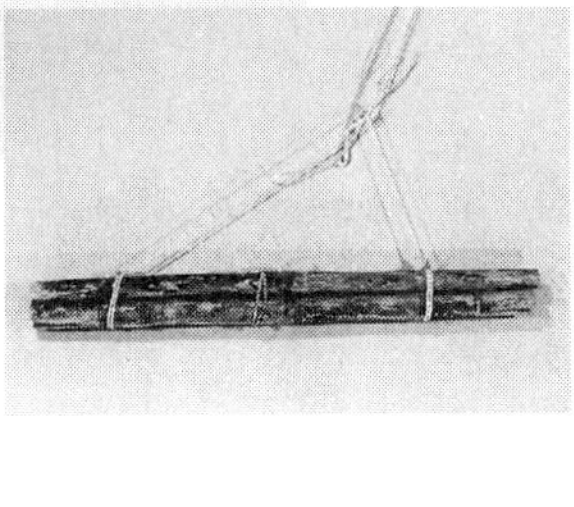

ウナギ筒（高月町片山、市立長浜城歴史博物館 提供）

ウナギのじゅんじゅん

ウナギのじゅんじゅん

琵琶湖に放流された稚ウナギはエビや小魚などを食べて、何年もかけて成長するので、養殖ウナギのように大きさがそろっておらず、大きいものは一・二メートル、重さ二キロ以上になる。丸太棒のようなので「ボク」「ボクウナギ」と呼ばれている。これだけ大きいと、蒲焼にしても丼からはみ出してしまうが、これをおいしく食べる料理方法のひとつがウナギのじゅんじゅんである。

じゅんじゅんとは滋賀県でいうすき焼きのことで、牛や鶏以外にコイ、イサザ、ナマズなどの湖魚を使ったものもある。ウナギは開いて生のまま皮ごと削ぎ切りにしておく。湯通しや白焼きにしたものを使うこともある。牛肉や鶏肉のすき焼きの場合は鍋に脂をなじませて肉を焼くが、魚を使ったじゅんじゅんは身がひっつかないように、少なめのだしを鍋に張っておく。砂糖と醤油ですき焼き風の濃い味付けをして、季節の野菜やささ切りゴボウ、焼豆腐など好みのものを入れ、味がよくしみこんだら生卵にからめていただく。湖北地方の冬の料理として知られている。（桑）

ナマズ 鯰

琵琶湖にはほぼ全国的に分布する「ナマズ（マナマズ）」に加えて、琵琶湖の固有種である「ビワコオオナマズ」と「イワトコナマズ」の三種がいる。これらはすみ場所が異なり、マナマズは沿岸部の内湖や河川、ビワコオオナマズは沖合い、そしてイワトコナマズは琵琶湖北部に見られるような急深の岩礁《がんしょう》地帯である。

マナマズは産卵のために水路や田んぼにも上ってくるので、昔から人間と関わりの深い魚であった。けっしてまずい魚ではないが、琵琶湖周辺ではあまり漁業の対象やふだんの食材としては、重要視されていなかった。一方、お隣りの岐阜県海津郡平田町、長良川と揖斐《いび》川にはさまれた所にある千代保《ちよぼ》稲荷神社（通称おちょぼさん）周辺にはナマズ料理を出す川魚料理屋が多く集まっている。琵琶湖周辺はマナマズよりおいしいさまざまな淡水魚が手に入るので、同じ魚でも食べ物としての価値が低いのかもしれない。

固有種の中でもビワコオオナマズは大味でおいしくないというのが定説であるが、イワトコナマズはたいへん美味である。（桑）

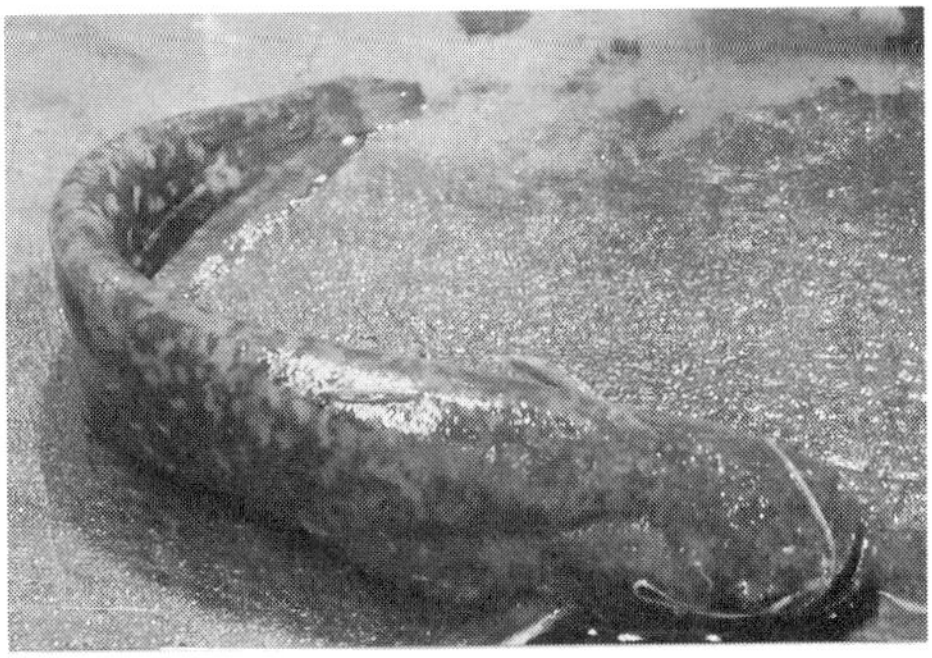

イワトコナマズ

イワトコナマズの刺身。左は頭

イワトコナマズの刺身

イワトコナマズも琵琶湖固有種で、北湖の岩礁地帯や余呉湖にすんでいる。背にまだら模様があるのが特徴である。他のナマズは泥くさくて、しばらく清い水で飼ってから食用にまわすが、イワトコナマズは北湖のきれいな水中の岩場が生活場所なので、そのようなことをしなくても抜群に味がよい。だからこそ刺身がとてもおいしい。漁師さんから「ナマズの中ではこれほどおいしいナマズはいない」と聞いた。

しかし、多く獲れないため一般の口にはなかなか入りにくい。西浅井町菅浦の民宿では、漁師さんの網にかかるイワトコナマズを食べさせてもらえることもある。特に薄造りは、その姿からは想像もつかないほど美しい薄ピンク色の身で、しっかりとした肉質には高級魚を思わせる味わいがある。皿に頭ものっていて、その口がパクパクと動いたので、びっくりし、また刺身の味のおいしさに二度びっくりした。

（堀・桑）

イワトコナマズの煮付け

イワトコナマズの天ぷら。中央はモロコの揚げ物

イワトコナマズの煮付け

イワトコナマズは、煮付けても、焼いても揚げてもおいしい。

湖北の漁業の拠点である尾上や菅浦では、北湖北端の岩礁地帯にすんでいるイワトコナマズを煮付けにして食べる。イワトコナマズの煮付けは、脂ものっており、熱いうちに食べると、身がほっこりと軟らかくて、なかなかおいしい。（堀）

イワトコナマズの天ぷら

アジアモンスーン地帯には、たくさんのナマズがいて、その多くが食用になっている。タイの市場に行くと指先ほどの小さいものから数キロの大きなものまで、じつに多様なナマズが店先に並んでいる。ナマズのプララー（馴れずし）もあった。普通の大きさのナマズの唐揚げを食べたが、他の魚に負けないおいしさだった。

西浅井町菅浦でいただいたイワトコナマズの天ぷらは、くせのない味で、しかもこくのある味に仕上っていた。（堀）

ドジョウ

泥鰌

水田の農薬使用ですっかり減少したが、ドジョウは田の溝や小川などどこにでもいて、農民にもっとも近い魚であった。木綿《もめん》針を付けたドジョウ叩きで、水田のドジョウを叩くようにして簡単に捕ることができ、黄熱病原菌研究の野口英世博士が、子供のころ家計を助けるためにドジョウを売りに行った逸話もあるほどで、子供でもとらえることができる。かつては朝飯前に田の畦《あぜ》を巡って捕らえたドジョウを、そのまま味噌汁の具に入れて食べたと聞く。泥質な水の濁ったところに生息しているので、しばらく清水で飼い、餌に大豆を入れておく。

食べ方としては、小さいのはそのまま味噌汁に入れるなどし、大きいのは開いて蒲焼きにするのが一般的である。

（長谷川）

ドジョウ

右上はドジョウ、右下がナマズ。左下はタデ葉の粉を水に浸し、ボール状に握ったもの

ドジョウずし

栗東市大橋では馴《な》れずしに漬けて三輪神社の神供とする。『近江栗太郡志』によると、九月に中ノ井川を堰止め水をかい出して川中のドジョウとナマズを漁獲し、早稲《わせ》の飯で馴れずしに漬ける。翌年五月祭礼の三日前にすしの口明けをし、祭日には大皿に盛り神前に供えたあと氏子中に分配するとある。

現在はドジョウとナマズを購入している。九月下旬秋分のころ、当屋では村人の中から鮓《すし》漬けに長《た》けた人を頼み、新米三升五合を炊き、ドジョウ三升(約一・五キログラム)、ナマズ中物五尾以上、乾燥したタデの葉を粉にして三升、それにタデの木を準備する。御飯が冷めたところでタデの粉を入れ、よく混ぜたのち塩をふり、さらに攪拌《かくはん》する。塩の量は米一升に塩二合の割である。ナマズはあらかじめ開いて塩押ししておき、漬ける前によく洗い水切りしておく。ドジョウをザルに上げて水切りし、一握りの塩を振りかける。

タデ飯を四等分してその一つをすし桶に敷き、ドジョウを三分

日野町蓮花寺のドンジョ祭り

田の水路でドジョウを探す

の一入れる。これを繰り返し、最後のドジョウの上にナマズを載せ、焦げ飯で被う。その上にタデの木を一面に敷き、桟俵《さんだわら》を置いて桶の内周に三つ編み縄を回し、木蓋をして重石を載せると、数日で水が上がってくる。桶の外側は俵を巻いて注連縄《しめ》を結び、翌春の祭りまで安置する。水が少なくなると塩水を補給する。

ドジョウ獲りの日に手伝いに来てくれた親戚などへは、ドジョウ汁や蒲焼きが振る舞われた。（長谷川）

ドジョウ汁

日野町蓮花寺《れんげじ》のドンジョ祭りとよばれる祭りでは、白鬚《しらひげ》神社で大組小組という筵《むしろ》座に分かれ、それぞれが「五菜汁」と「どじょう汁」の二つを大鍋で炊いて一同が食べる。

五菜汁は、ダイコン・ニンジン・ゴボウ・サトイモ・豆腐の五品を大鍋で炊く。

ドジョウは、田の水路などを掘り起こして獲るが、わずかしか獲れないので今は購入している。（長谷川）

シジミ　蜆

食用にされているシジミは主にヤマトシジミ、マシジミ、セタシジミの三種である。ヤマトシジミは海水と淡水が混ざる河口域や宍道湖《しんじ》（島根県）のような汽水湖に生息しており、マシジミは河川などにすんでいる。日本で食べられているシジミのほとんどがヤマトシジミで、滋賀県でも宍道湖産、青森産などと書かれて売られている。琵琶湖にはマシジミとセタシジミがすんでおり、漁獲されるのは主に固有種のセタシジミである。

一九六〇年頃まで年間数千トンあったセタシジミの漁獲量は、最近は一〇〇トン程度と大幅に減少している。名前の由来ともなった瀬田川のほとりにある瀬田町漁業協同組合の漁師さんによると、以前は琵琶湖の沿岸には砂地が多くあって、貝掻《か》き網で底をすくうと、獲っても獲っても湧いてくるようだったという。

現在、減ってしまったセタシジミを増やすため、県漁連も種苗放流や小型シジミの漁獲制限、漁場の環境保全などに取り組んでおり、少しずつだが漁獲量も増えてきている。店先で琵琶湖産と書かれたシジミを見かけたら、ぜひ手にしていただきたい。（桑）

セタシジミ

シジミ汁

シジミ汁

朝食にシジミのお味噌汁が出ると、その日一日は元気になる気がする。

シジミは寒い時には水揚げしてから一〇日ほど生きているが、春先は四日ぐらい、夏場は一日ほどしか持たない。砂出しは貝を重ねないで広げ、四時間くらい水につける。春先はまだ貝が冬眠から目覚めずもぐっているので、砂はきが悪い。貝は一晩ほど水につけ砂出しをしてから、殻をこすり合わせるようにしてよく洗っておく。殻シジミは、湯が沸騰してからシジミを入れる家も多いが、水から入れて加熱した方が、うま味がよく出て、殻から身がはずれにくい。おいしいシジミ汁を作りたいと思ったら貝を多く入れて、エキス分を十分にとる。たっぷりのシジミを使えば、だしをとらなくてもいい。シジミから牛乳のような白いエキス分が出てくるので味噌だけで、十分おいしくなる。

ネギと粉ザンショウを加えていただく。シジミのエキスは肝臓の薬で、特に寒シジミは薬効が強いといわれている。シジミは鉄

分も豊富で、貧血に有効である。（編）

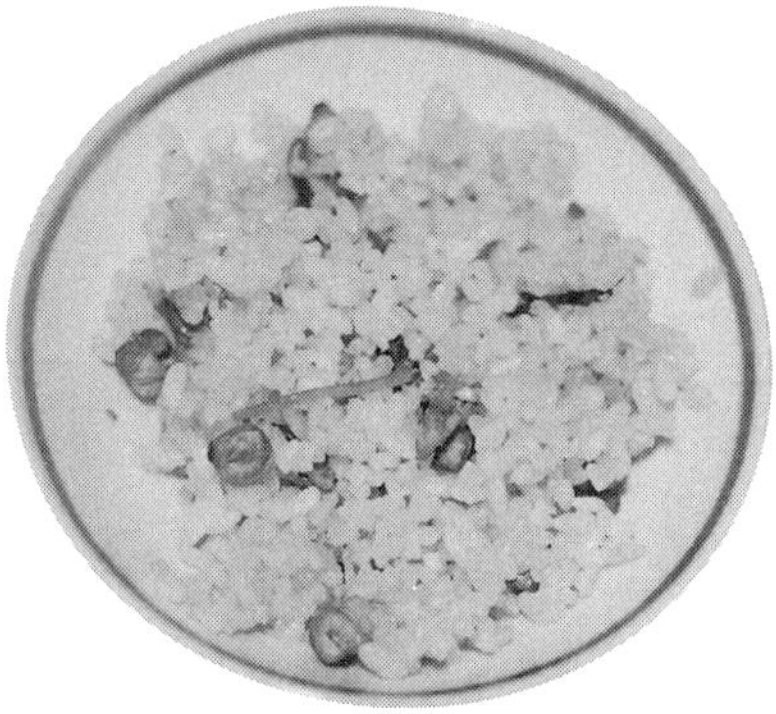

シジミ飯

シジミ飯

シジミ飯は身シジミを使って炊いてもよいが、新鮮な殻つきシジミが手に入ったら、ゆでてそのむき身をつくってから炊くとよい。殻シジミは身シジミの五倍量を用意する。炊く時はよく砂出しした後、熱湯に入れて殻を開かせる。新鮮なものほど殻と身の離れがよく、古くなると悪くなる。シジミのゆで汁は捨てないで醤油を加えて、それで御飯を炊く。むき身にしたシジミは酒で炒ってから、ショウガの千切り、砂糖、醤油を加えて煮ておく。御飯が炊きあがったら、シジミの炒り煮を混ぜ合わせる。

ミツバがあれば刻んで加えるとおいしい。炒り煮したシジミを加えて炊飯してもよい。（編）

シジミのネギぬた

シジミのネギぬた

琵琶湖の名物セタシジミは、漁期は十一月から四月である。この時期が特においしい季節である。シジミ漁が盛んであった沖島では、貝炊き小屋で身シジミを作った。

鍋に身シジミと酒を入れ、かき混ぜながら煎り煮してから、砂糖と醤油を加え煮汁がなくなるまで煮る。ネギを適当な長さに切ってゆで、冷ましてから水気を十分にしぼっておく。すり鉢に白味噌と砂糖、味醂を入れてよく混ぜて酢でのばして酢味噌を作っておく。身シジミとネギを、酢味噌であえる。

シジミはそれほど高価ではなかったので、ふだんからよく食べられた。シジミ汁にするのが多いが、シジミのネギぬたもよく作る。急なお客さんがある時にも、上品なお菜になり、重宝する。

（編）

イシガイ　石貝

イシガイと呼ばれるのはほとんどがタテボシガイで、烏帽子《えぼし》のような細長い形をしているのが特徴である。かつて春先、琵琶湖の漁港ではどこでもとりたてのシジミやイシガイをゆでてむき身にし、出荷している光景が見られた。またどの浜にもシジミやイシガイの貝塚が見られた。今ではそんな光景は見られないが、スーパーマーケットには、今でも琵琶湖産のむき身イシガイがよく並べられている。

シジミとは違った独特の香りと旨味があり、ショウガを入れて佃煮にするとおいしく炊き上がる。この時いっしょに大豆を入れることもある。シジミと同じようにネギとともにぬたにもされる。

（小島）

タテボシガイ（滋賀県立琵琶湖博物館提供）

イシガイの佃煮

カラスガイ　烏貝

カラスガイ（メンカラスガイ）もハレの日の食によく炊かれる。大きい貝なので、半分に切って炊く。水気がたくさんあるので先にカラ炒りするとよい。足は硬いが、内臓はたっぷりとあり、貝独特のうま味があっておいしい。ニンジンと炊いたり、切り干し大根といっしょに炊いたりする。能登川町では、祭りや結婚式の後の直会《なおらい》でもよく出されている。

　また、ドブガイやマルドブといわれ、カラスガイよりやや小さめの貝もあり、これらもカラスガイと同じように、ニンジンや切り干し大根といっしょに炊かれる。草津市北山田の漁港では今でも貝ゆでの大釜が港の加工場に残されている。かつてカラスガイやドブガイがたくさんとれた時は貝ゆでで大変忙しかったそうである。

（小島）

カラスガイ（滋賀県立琵琶湖博物館 提供）

カラスガイとニンジンの煮物

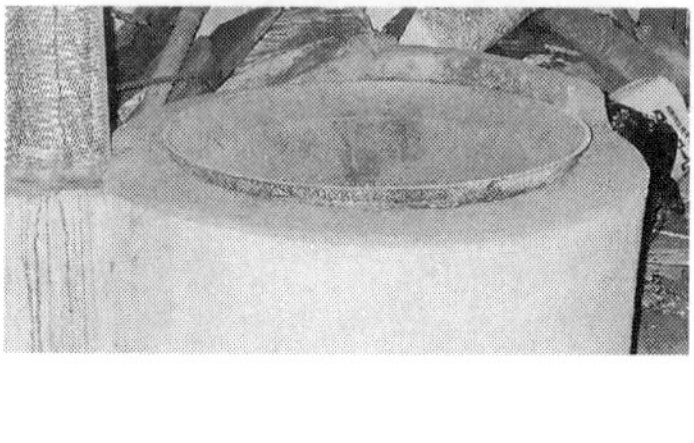

貝ゆでの大釜

タニシ　田螺

かつて春先、田起こし前の田んぼの足跡を掘ると、一カ所で五～六個のタニシがとれたそうである。一日水につけて泥を吐かす。これをよく洗い、沸騰水中に入れてゆで、針で一つずつ身を出して、ショウガと炊いたり、ぬたにしたりした。タニシの身を出すのには時間がかかったが、子供でもできた仕事であり、休みの日には子供も手伝った。タニシはコリコリとした食感があるので、「田舎のタコ」とも呼ばれていた。

中主町ではかつて、旧暦の桃の節句には、タニシをとってきて、女の子の成長を祝った。守山市や栗東市、伊香郡木之本町ではタニシを神社の御供えにしたり、放生会《ほうじょうえ》に使うところがある。その地域ではタニシを食することは禁じられていた。

（小島）

マルタニシ（滋賀県立琵琶湖博物館 提供）

タニシの煮付け

スジエビ　条蝦

滋賀県の伝統食であるエビ豆やエビ大根に使われるのが、スジエビという大きさ数センチの淡水エビである。スジエビは秋から春にかけて琵琶湖の沖合いで行われる沖曳網《ちゅうびきあみ》で獲られる。この季節に琵琶湖周辺の川魚屋に行くと、まだ体が透きとおったスジエビがピンピンとトロ箱ではねているのが見られる。

テナガエビ　手長蝦

琵琶湖にはテナガエビというエビもすんでいる。こちらは大きさが一〇センチほどだが、その名前のとおり、体の長さと同じほどの一対の手を持っている。手が長いのは成長した雄のエビだけである。主に夏から秋にかけて、直径二〇センチほどのエビタツベという小さな籠《かご》状の漁具を、一本の細いロープにいくつもつなげる漁法で獲られている。小型のエビや雌のエビはチュウエビと呼ばれ、釣りのエサや加工品になるが、手のりっぱな雄のエビはダイエビと区別され、料理した時の見栄えが良いことから、懐石料理や天ぷらなどの高級食材として高値で取引されている。（桑）

スジエビ

テナガエビ（滋賀県立琵琶湖博物館 提供）

エビ豆

エビ豆

カルシウムたっぷりのエビと畑の肉といわれる大豆の相性は何ものにもまさる。日常食として以外にも、腰が曲がるまでといつまでもマメに暮らせるようにと長寿を祈ってめでたい時にも作られる。

エビはたくさん手に入ったとき、酒炒りし一回分ずつ小分けして冷凍しておくといつでも使える（川魚も同様で、生きているものが料理に用いる条件だったが、冷凍技術が発達した今は冷凍したものでも十分おいしく仕上げることができる）。

エビ豆を作るときは豆を十分軟かくしてからエビといっしょに煮る。エビの臭いが気になるときは土ショウガを刻んで加えるか、豆とエビを八分どおり別々に煮て合わせてもよい。豆のかわりにダイコンを使ってもおいしい。

（古）

エビのかき揚げ

天ぷら（かき揚げ）

エビを大豆や納豆、青ネギなどといっしょにかき揚げにすると、色も鮮やかなおいしい天ぷらができる。衣に入れる前に生粉（小麦粉）を軽くまぶしておくと衣がうすくてもよくなじむ。油の中に入れるときはご飯用のしゃもじを一度油の中をくぐらせてその上に混ぜ合わせたものを平たくのせて揚げるとよい。大根おろしを添えた天つゆをつけて食べる。（古）

エビ大根

スジエビがもっともよく獲れる秋から冬にかけて、ダイコンも収穫期にあたるのでよく作られる料理である。

エビは漁師さんや、親類からもらうことが多いので、早めに甘辛く煮ておく。ダイコン、大豆、畑芋、カブラ（カブ）などをいっしょに煮るとエビのだしが出て、とてもおいしい。中でもエビ大根が一番相性がよい。

エビ大根

スジエビは、小石やゴミ、藻をきれいにとり除き、洗って水切りをする。ダイコンは皮をむき、三センチほどの短冊切りにする（祝い事の時には輪切りにする地域もある）。

先に鍋に砂糖、醤油、酒を入れて煮立て、スジエビを加えてじっくり煮る。そこへ、ダイコンを入れ、ひたひたになるまで水を加えて、ダイコンの中まで味がしみ込むように煮る。サンショウの実を入れて煮る人もある。大人は好んで食べるが、エビのヒゲがあごに刺さるので子どもは嫌がる。

湖北地域では、おめでたの時や、葬式、オコナイの鉢物として大皿に盛って出される。最近では、肉食を好む若い人には、あまり人気がない。（鵜）

スッポン 鼈

亀の一種であるスッポンは夜行性で、鋭い歯と嗅覚で小魚やエビを襲って食べている。しかし性格は臆病で昼間は泥の中にもぐり、上陸するのは夜の産卵の時くらいなので、めったに人目につくことはない。琵琶湖にはそこそこ生息しているようだが、漁業として獲る専門の漁師も少なく、カゴ網や魞《えり》に入ったものがたまに漁協に水揚げされている程度である。

スッポンは古くから琵琶湖周辺で食べられており、縄文時代の貝塚からもその骨が出土している。明治から昭和初期にかけて、滋賀県水産試験場で増養殖の研究をしていた記録もあり、今も統計上は水産魚介類のひとつとして扱われている。過去にはウシガエル養殖が水産の産業であったし、カモなども琵琶湖の漁師さんが獲っていた。漁業といえばまずは魚類を思い浮かべるが、貝類、甲殻類、両生類、爬虫類、鳥類まで幅の広い生物を食の対象にしているのが水産業の特色である。

（桑）

スッポン

草津市にある料理民宿「えり高」にて

スッポンの鍋

スッポン料理と言えば料亭で食べるようなイメージがあるが、草津市北山田漁協の魞漁師である横江高波さんが営んでおられる、料理民宿「えり高」では、一味ちがったスッポン鍋がいただける。ここでは琵琶湖のスッポンもあれば使うが、いつも手に入らないので大きさのそろった養殖物を取り寄せることが多くなったそうだ。ご主人がスッポンを料理されるところを、無理をいって見学させていただいた。

大胆な包丁さばきと指やピンセットまで使った細かい作業には随所にこだわりがあり、手際よく料理されて行く様は驚きの連続であった。調理してから時間がたつと味が落ちるので、鍋の時間を考えて料理を始めるそうだ。スッポンの捨てる所は膀胱《ぼうこう》と胆嚢《たんのう》（ニガダマ）、爪の先くらいで、肉のほか血、肺、肝臓、腸、卵や甲羅の縁の柔らかい部分まで骨以外はすべて無駄なく食べられる。血はワインで割って、お腹の中の卵は生のまま塩で食べる。醤油で仕上げただしに、ぶつ切りにした甲羅や肉、内臓を入れ、

前処理の終わったスッポンの身や内臓

スッポンの卵巣

あとはネギ、ハクサイ、シイタケ、豆腐などと煮たてて溶き卵でいただく。甲羅や肉から濃厚な味とゼラチン質が溶け出し、鍋をつつきながらスッポンから元気をもらっているような気がしてくる。最後はお決まりの雑炊で仕上げる。琵琶湖を中心とした食文化の奥の深さが、スッポンを食してあらためて感じられた。（桑）

第三章　祭りと琵琶湖の幸

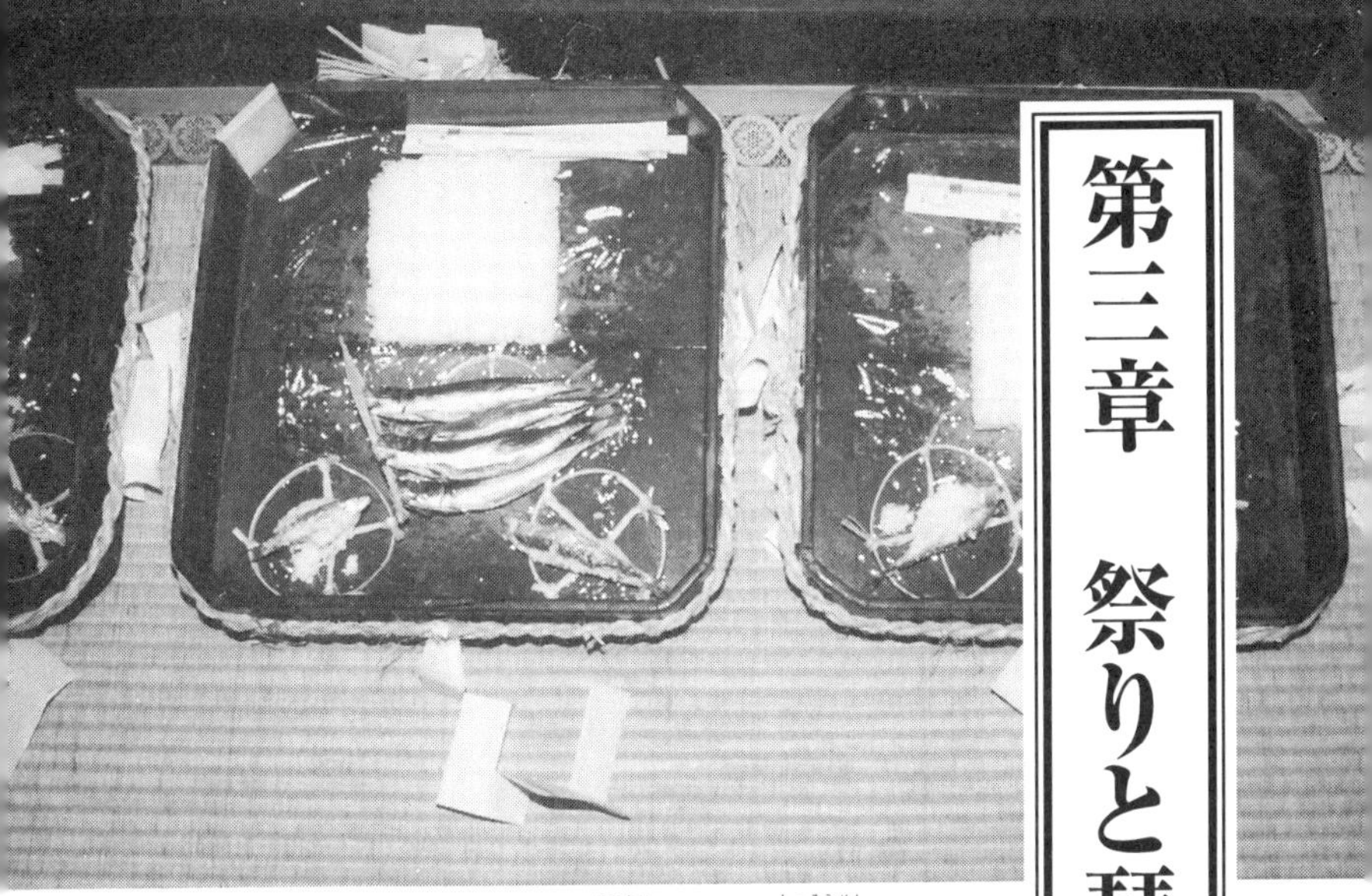

▲マキノ町大沼の春祭りでは、舛盛《ますもり》（四角の盛相飯《もっそうめし》）とトネ（⊕型の敷物）にのせたウグイとモロコのすしが供される。左の膳にはイワシの丸干しがみえる。膳の周りに注連縄を巻く

▼草津市下笠町のエトエト祭でつくられるメズシ。酒粕にボテジャコを頭から突っ込む

神饌《しんせん》の中の湖魚

神饌の画一化

神社の祭典に参列すると、修祓《しゅばつ》・祝詞《のりと》奏上・玉串奉奠《ほうてん》といった儀式とともにかならず献饌ということが行われる。神の食べ物すなわち神饌を献供する儀式のことで、何人もの人が一列に並び三方《さんぼう》に載せた神饌を手から手へ受け渡して神前まで運ぶ風景を見たことがあるだろう。三方には、山の幸、海や川の幸、野の幸を取りまぜて供え、その数を奇数にするなどとされる。

これらはダイコン・ニンジン・サトイモなどの野菜、カキ・クリ・ミカンなどの果物、干しシイタケ・高野豆腐・昆布・アラメなどの乾物、タイ・コイなどの魚で、いずれも未調理のいわば食材である。神様はこんな生の物をそのまま召し上がるのかと思うほどである。神饌がこのような生饌に画一化されたのはそう古いことではないようで、明治新政府になって神道を中心とした宗教制度を整備する中で神社祭式の統一が図られ、神饌もその対象と

一般的なコイの神饌

されたのである。法的には明治八年（一八七五）に示達《じたつ》された官幣《かんぺい》社《しゃ》国幣社に対する神社祭式でもって内容が整ったとされる。

それ以前は、それぞれの神社の歴史的背景や祭神の特性などによって、神人共食《しんじん》を前提とした熟饌（調理加工した神饌）を主体とするものであったと考えられる。古社では今なお、地域的特色を有する特殊神饌を伝えているところが少なくない。本書では、古くから伝えられてきた熟饌を主とする特殊神饌における湖魚について見ていくこととしたい。

神饌に用いられる湖魚

コイ

特殊神饌ではないが、ごく普通の祭典でもっともよく用いられる湖魚は、淡水魚の王様であるコイである。生きたまま目玉を紙で塞ぎ、頭から尾へ麻の苧《お》を掛けて飛び跳ねたように体を反らせた状態で供えられる。淡水魚は海魚と異なり鮮度を求められるので生きたまま供えられるのであろうが、苧紐で縛られて供えられるのはコイだけではなかろうか。

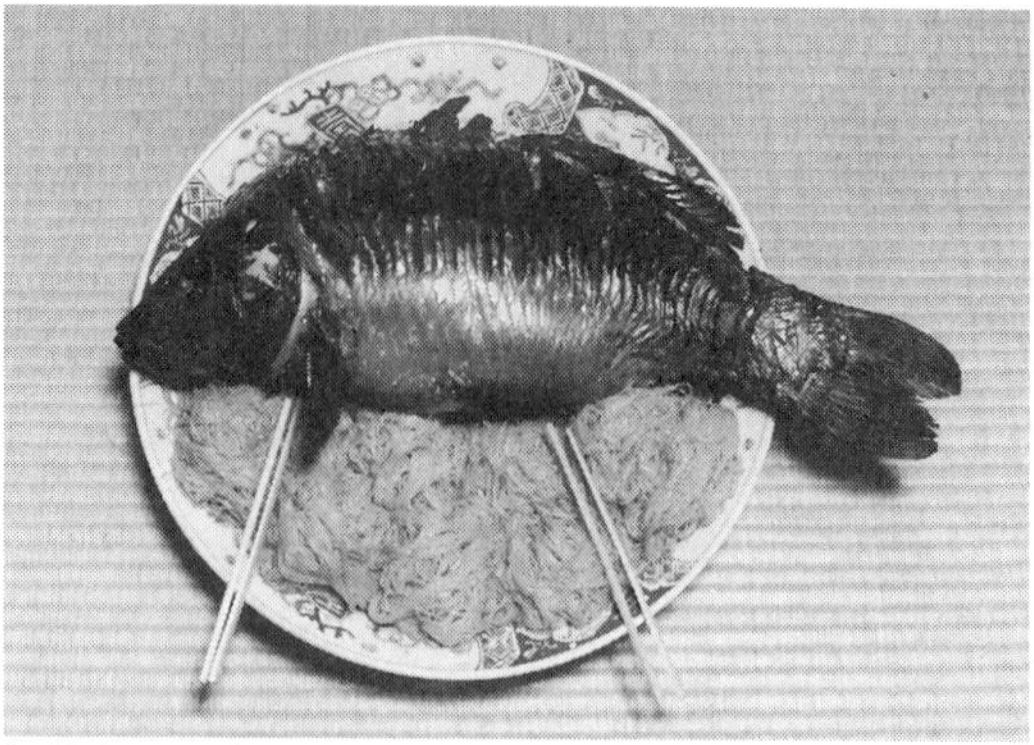

初肴（コイの丸煮とその煮汁で味付けした素麺）［草津市追分町］

草津市追分《おいわけ》町の野上神社講は祭礼として当番の家で行事がすすめられる。その中の「主人呼び」では宴会の初肴《はつざかな》としてコイを丸ごと煮た料理が出される。これは竹編みのザルにコイを載せて大鍋で煮たものである。このあと新当番が決定され、水物《みずもの》とよばれる果物（ナシ）と氷砂糖が出され、謡曲が謡われて終わり、神移しとなる。

滋賀県の話ではないが、神様がコイの背に乗って大堰《おおい》川を上ってきたという京都府亀岡市の大井神社では、神饌はもちろん氏子はコイを食べると腹痛を起こすなどと食べず端午の節供には鯉のぼりさえ立てない。逆に埼玉県両神村など秩父地方では女児にも鯉のぼりを揚げるという。

フナ

フナを生のまま神饌とすることはあまり見かけないが、近江八幡市北之庄町の小祭りで稚児《ちご》の家のオハケの神饌に、生のフナ一尾、フキノトウ一把、干しワカメ一束、ブリの切り身一切を供える。また、マキノ町大沼は今津町の川上祭りに参加するが、同日朝に

吊り掛けて供えられるフナ一対（二尾）［マキノ町大沼］

御供盛神事にて。これから真魚箸と包丁とでフナずしが切られる［永源寺町君ケ畑］

大沼だけの祭りをし、生のフナ一対を神饌として吊り掛け供える。

かつて能登川町伊庭《いば》にある望湖《ぼうこ》神社の御供輪祭《おくわさい》では、神役が郷《ごう》頭野《ずの》にあった魞《えり》でとったイオ（フナ）十二尾（閏《うるう》年は十三尾）を生きたまま社壇のまわりに吊って供えた。この日から伊庭祭りまで氏子は、かしわ（鶏肉）・肉・卵などを断ち精進の生活に入るのである。

フナの神饌としては、いわゆる「すし切り祭り」で広く知られているフナずしがある。すし切り祭りは、守山市幸津川《さづかわ》町の下新《しもにい》川《かわ》神社の春祭りで、裃《かみしも》姿の若者が真魚箸《まなばし》と包丁を手に直接フナには触れずに切りさばく行事である。客前で包丁さばきを見せてもてなす式包丁の儀礼的調理法は平安時代から鎌倉時代に成立したとされるが、これを若者に稽古させ、ハレの祭りに衆目の中で臆することなくやり遂げさせることが地域の若者を育てる機会ともなっている。フナずしの切り身は神輿の巡幸に従い各所で神に供えられる。

すし切りは、永源寺町君ヶ畑《きみがはた》の御供盛《ごくもり》や草津市下寺町・同津田江の年頭の神事でも行われる。すし切りは行わないが、フナずしを神饌とする祭りは、中主町八夫《やぶ》の高木神社をはじめ各地にある。

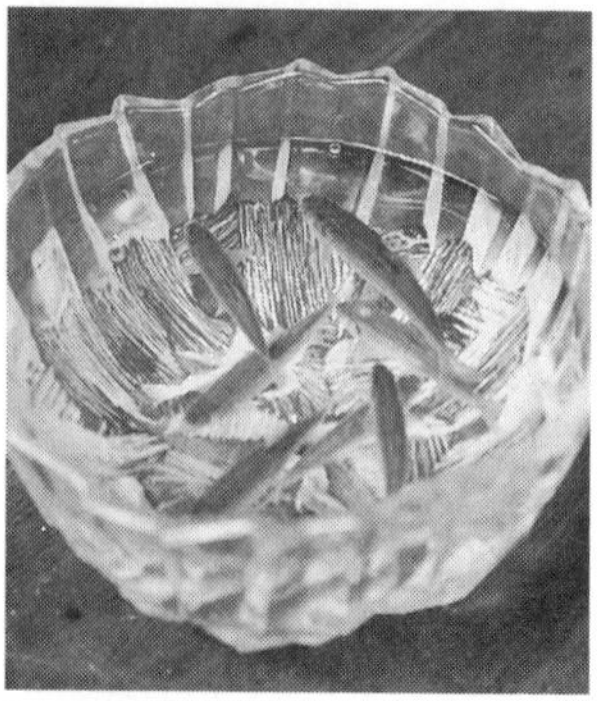

モロコ祭りに供えられるモロコ［高月町東阿閉］

モロコ

ホンモロコは、佃煮や焼きモロコにするとおいしくアユよりも値高い高級魚である。『魚の博物事典』に「モロコは琵琶湖に多産し、京阪地方で盛んに食べられる」とあり、人気のある川魚であった。かつてはどこの小川にもたくさんいた魚で、コイやマスなどの大型魚からすれば雑魚の部類に含まれる。あえて神に供え豊漁を祈るほどでもなかったかと思われるが、高月町東《ひがし》阿《あ》閉《つじ》の乃《の》伎《ぎ》多《た》神社の祭りでは、社傍を流れる小川で獲ったモロコを生きたまま鉢に入れて供える。宮世話が宮前川でモロコを獲り、水の入った鉢に入れて供え、終われば川へ戻してやる。俗にモロコ祭りと呼ばれるが、このモロコは魚でなく諸児《もろこ》の祭りの意で、氏子の稚児の成長を祈ったものであると地元で説明される。しかし、村人の話にモロコが川にいることは日焼けしない（干魃がない）といい、アツジという地名や父塚は安曇連《あづみのむらじ》の墓という伝説などから海洋系の民が住みついた地という推測も可能で、やはりモロコは魚のモロコを指していると解するのが自然であろう。

塩切りしたモロコをきれいに洗い、新聞紙の上へ並べて水分をとる［守山市赤野井］

守山市小津神社の祭りは、杉江、赤野井《あかのい》、矢島、石田、十二里《じゅんのり》、金森《かねがもり》、三宅《みやけ》、森河原《もりかわら》、欲賀《ほしか》、大林、山賀《やまが》の一一集落が八年に一度渡し番と神輿かき番を勤めることで祭りが続けられている。五月五日の祭り当日、神輿は杉江の小津神社から赤野井の小津若宮神社まで渡御するが、赤野井ではこの神輿が拝殿に納まると神饌を神殿と神輿に供える。神饌は、焼きモロコ一二尾（今は六尾に省略）、ミョウガの芽一二個、チシャの葉一二枚（巻いて一二本のわらすべで結わえる）、フキの葉一二枚（同様にわらすべで結わえる）、皮付きのタケノコ（先端部）をそれぞれ土器《かわらけ》に載せ一枚の折敷《おしき》に配する。

今ひとつの神饌、モロコずしはモロコの馴れずしで、鉢に盛って供えられる。拝殿番は神輿に供えたモロコずしのお下がりを食べながら神輿を番する。モロコずしを作る手順は概略次のようである。

①祭りの約一カ月前、四月八日ごろ一キログラム約一三〇尾のモロコをきれいに洗い腸を出さずに背開きして塩切り（塩漬け）する。

②祭り一〇日前の二十七日、朝から魚を取り出し、ほとんどが子

モロコの頭を外に向け、放射状に並べてご飯に漬ける［守山市赤野井］

持ちであるが卵も腸も洗い流し目玉は竹串で取る。一尾ずつきれいに洗い、新聞紙に並べて水分を取り除く。新聞紙は取り替え水分の除去を促進する。

③御飯を一升余り炊き、熱いうちに塩を湯飲み茶碗一杯ほど振りかけて冷ましておく。

④翌二十八日、飯漬けする。桶に御飯を敷き詰め、その上に開いたモロコの背を上にして並べる。それに味醂と酢を約一カップ、さらに塩を振りかけ魚になじむようにする。魚の上を御飯で被い、また魚を並べる。これを繰り返し、最後に御飯で蓋をする。

⑤御飯の上に以前は竹皮を敷いたが、白布巾を敷いて落とし蓋をし、重石を載せてビニールを被せる。日が射し込む暖かい部屋へ置いておくと、一週間ほどで水が上がってくる。

⑥表面の御飯が黴《か》びると中はおいしく漬かっているしるしという。祭りの朝、黴びた御飯は除いて軽く握り、魚の腹に抱かせて姿にする。

正月にすし切り神事をする草津市下寺町で、直会《なおらい》に焼きモロコを出す「小祭り」が四月にある。桜花爛漫の下で荒筵《むしろ》を敷き、そ

モロコを炭火で焼く小祭り［草津市下寺］

こに十数人が座ってひっそりと行われる直会の風景は、小村ののどかな平和が感じられなんともいえない良さがある。

準備は当番組の人が吊りカブラや大豆、自家製味噌などを持ち寄って、カブラの味噌汁・ゆでた大豆・ゆでたスジエビを作る。吊りカブラは、昨秋に収穫したカブラを軒先などに吊り乾燥保存しておいたもので、春先の野菜が欠乏する時期に利用する生活の知恵である。焼きモロコは青竹を割って焼き串を作るところから始める。体長十センチメートル余のホンモロコを七尾ずつ串に刺し、炭火で強く遠火にして焼く。これを「モロコあぶり」といった。準備ができると神社へ運び、参拝の村人に振る舞うが、カブラ汁の椀の上に焼きモロコを二尾のせて給仕する。

アユ

大荒比古《おおあらひこ》神社の七川《しちかわ》祭りは、長く五月十日（旧暦四月初午）が祭日であったが、平成になって五月の連休に祭りを移している。流鏑馬《やぶさめ》に用いる的を氏子の若者が奴姿で練りながら神社まで運ぶ「的練《まとね》り」の奴振が文化財になっている。「神御供《みごく》」と称する神饌

七川祭の奴振の到着を待つ神饌［新旭町安井川井口］

は、宮元の井口《いのくち》で調整する習わしで、盛相《もっそう》にした赤飯、生フキ二本、干しアユ二尾、それに盃を折敷に配し唐櫃《からびつ》に納めて運ぶ。赤飯だけは檜葉《ひのきば》が敷いてある。神御供はもとは井口の六人衆とよぶ長老たちが作ることになっていて、アユは安曇川のコアユが用いられた。

ハス

七月末に琵琶湖岸や川沿いの地でカワソさんを祀る行事が行われる。漢字では川裾・川濯・川尻などと書いてカワソと読ませる。水無月祓《みなづきばら》えや御手洗《みたらし》祭りと関係すると思われるが、滋賀県ではカワウソのことをカワソと呼んできた経緯がある。カワウソはかつて琵琶湖にも生息していて大量に魚を食べるので漁師に嫌われ、狸や狐のように人を化かすとされたが、河童に仮託されることもあり川の神・水神に近い存在でもある。

マキノ町知内の唐崎神社では七月二十八日から二十九日にかけてカワソ祭りが行われる。かつては対岸の長浜・虎姫や遠く敦賀から参詣があり、八幡からは露店が出て大変にぎわったという。

この祭ではハスずしが名物とされ、一週間ほど前に本漬けされ、二十八日早朝一対のカケバス（開いたハス）が神前に供えられることになっている。

大津市の仰木祭りでは、馬場の御供所で塩焼きタイとともに塩焼きハスを土器に載せ、種々の神饌とともに神輿に献じられる。

ウグイ

今津町の川上祭りは、北西南の三つの財産区が毎年交替して囃《はや》子《し》番・神輿番・大幟《おおのぼり》番を勤める川上庄内の祭りである。北組に属するマキノ町大沼では、祭日の四月十八日朝から地元の日吉神社でも祭りを催し、ウグイとモロコの馴れずしを供える。前日の宵宮《よいみや》に年番が集まり、馴れずしの下に敷くトネを作るなど祭りの準備をする。トネは、忍竹《しのべだけ》を割り輪にして藁で十文字に結んだ簡素なものである。神饌の膳組は、まん中に正方形の舛盛《ますもり》（木型で作った盛相《もっそう》飯のこと）、端にウグイとモロコの馴れずし一尾ずつとイワシの丸干し五尾一束にしてそれぞれにトネを敷き並べる。これを四膳作り、三膳を本社へ、一膳を小宮へ供える。阿弥陀様へ

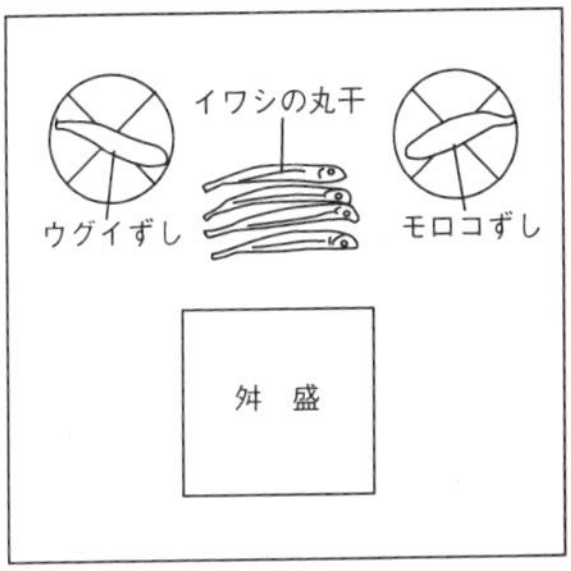

神饌の膳組の模式図［マキノ町大沼］

飯をにぎり、背割りしたウグイに抱かして漬ける［マキノ町下開出］

神饌を入れた膳を頭上に頂き、神へ供える［マキノ町大沼］

は魚に代えて豆腐四分の一を隅切りの塗り膳で供える。祭りには稚児として女児が着物姿で頭に輪を載き頭上運搬で神饌を運ぶ。

年番の任務をまとめた「日吉神社年番行事実施要項」によると、馴れずしの漬け方は次のような手順でなされてきた。

①二月上旬、ウグイ四尾を背開きにし、モロコの腹を押し出して水でよく洗う。水切りができれば、ウグイとモロコを混ぜ合わせ、並べては塩をよく振りかけて押蓋をする。押蓋の上から重石をかけ、上から埃や蠅が入らないようにする。

②四月十日、重石を除き、押蓋をしたまま逆さにして、底の方から軽く押しをかけて水切りをする。水が切れたらよく水洗いし、水乾きをしたら魚に御飯を詰めて背を合わせる。まずウグイを並べて御飯で均し、ウグイの隙間にモロコを入れて押蓋し重石をかける。

③四月十七日夕、逆押しにして水が切れたらすしを取り出す。ウグイは外の御飯を落とし、モロコは御飯といっしょに握りをする。

マキノ町上開出の坂本神社の春祭りでも、ウグイを馴れずしにして供える。

ビワマス

ビワマスは単にマスと呼ばれ、琵琶湖でマスといえばビワマスを指す。体に赤みを帯びる九月になると、降雨の増水時に川を遡って産卵する。それでこの時期のビワマスを漁師はアメノウオ(アメ、アメノイオなど)と区別して呼び、鯇と書く。産卵期のマスはあまり美味ではないらしいが、びわ町南浜では、姉川でビワマスを捕獲した歴史を反映して、九月三十日に南浜神社で雨の魚祭りが行われる。

今ではビワマスが獲れないので、代わりにコイを供えていて、祭りそのものが衰退しているが、姉川でマス漁が盛んであった時代は、南浜にある南浜神社・八幡神社・和田神社でもっとも大切な祭りであったという。三社にマスを供え、マスのすしをはじめ小豆餅や団子餅を作り、近親を招いて盛大に行われた。

イサザ

和邇《わに》祭りは、志賀町和邇中・南浜・中浜・北浜・高城《たかしろ》の五ヶ字

下馬杉のドンジョ祭りの神饌。紅白餅の隣がビンに入れられたドジョウ

の神輿が集まる郷祭りである。祭り前に、高城の小頭《こがしら》（神輿の指揮者）が南浜へ御旅所で供える神饌のイワナシ・ミョウガ・青梅など山の幸を持ってくると、南浜からは生で干したイサザを一升ほどを「おため」に渡す。いわば山の幸と海の幸の交換が行われ、高城では祭りの朝、このイサザとニゴク（煮御供か）を各戸へ配ると、家では朝のうちにこれを食べてしまう。厄払いの意味があるという。

ドジョウ

ドジョウは、ウナギ釣りの餌にするぐらいで琵琶湖の漁師は捕獲対象としない魚である。甲南町下馬杉《しもますぎ》のドンジョ祭りでは、生きているドジョウを供え、祭典後は放してやる。ドジョウは、年番の宮守が事前に田の溝を掘って獲ってくる。神饌ではないが、栗東市東坂《ひがしさか》の阿弥陀寺で営まれる放生会《ほうじょうえ》でも生きたドジョウが桶に入れて供えられ、法会のあと放たれる。

ドジョウずしを出す前に、上にのせたナマズの馴れずしを出す［栗東市大橋］

ナマズ

栗東市大橋ではドジョウの馴れずしを神饌にナマズもいっしょに漬けることは第二章「ドジョウ」の項ですでに述べた。『近江栗太《くりた》郡志』によると、「鰌《どじょう》 十六貫目 鯰《なまず》 十四五貫目を米四斗の飯に混ずる」とあり、ドジョウとナマズとほぼ同量を馴れずしにしていたことになる。

新旭町藁園《わらその》には、ナマズにまつわる伝説があり、厄除けのなまず祭りが行われている。江戸時代、苗代に害虫が異常発生したところナマズの群が現れ害虫を食い尽くしたという。また鎌倉時代のこと、連日の雨と地震で大洪水になったところ、神殿に大ナマズが現れこれを退治したら平静になったという。なまず祭りでは、ナマズを供えたあと境内の池に放している。また能登川町神郷《しんごう》の人は、ナマズを神のお使いといって食べない。

ボテジャコ

草津市下笠《しもがさ》には、中世以来の宮座が八座ある。それぞれの座の

桶ごと神前に供えたのを直会には雑魚ずしもご飯ごと盛り分ける［栗東市中沢、菌神社］

最年長者を一番ジョまたは老長《おとな》と呼び、毎年順に神事の頭屋を務める。頭屋では小豆餅をはじめ種々の神饌を調整するが、その中にメズシというボテジャコ（タナゴ）がボール状の酒粕に頭から突っ込んだのがある。フナずしの製法を知るきっかけとなったなどという俗説はともかく、一般に雑魚の馴れずしをメズシと称することや老杉神社の社蔵記録に「古昔ハ鮒すし、今ハ酒ノ粕ニ魚」とあることから、もとはフナずしであったことが知れる。

なお、野洲町三上のずいき祭りでは、ちりめんじゃこの酢飯をメズシと呼んでいる。

雑魚

魚の種類はさまざまながら、稚魚や小型の魚などをひとまとめにして雑魚と呼ぶ。琵琶湖の魞《えり》のツボをたも網で掻くと小魚がたくさん獲れ、これを魞雑魚などと呼ぶが、雑魚をまとめて馴れずしに漬ける。栗東市中沢では、六人衆の当番が中の井の用水で獲った雑魚を塩切り（塩漬け）しておき、祭礼の一〇日ほど前になって御飯に漬けなおす。飯漬けの期間が短いので飯に焼酎などを混ぜる。今では六人衆の組織も崩れ自治会長が代わりに塩切りしたアユなどを買って馴れずしに漬けているが、これを桶ごと神前に供え、拝殿で直会のときに参詣者に振る舞う。

タニシ

安曇川町下小川《しもおがわ》の春祭りでは、天狗と獅子の舞が三度ずつ繰り返されるので三三九度の舞と称する神楽が奉納される。天狗とされているのは、若狭に今も伝承される中世に流行した王の舞の形骸化した姿ではないかと考えられる。獅子ガシラを納める箱はもとは神輿の幕を入れたものであったが、そこに文明十二年（一四八〇）の墨書があり、祭りの古さを示している。

ここの祭りではタニシの煮物がなくてはならない品で、かつては田の溝にいくらでもいたが、現在は二キログラムを購入して煮付けている。

一方、栗東市出庭《でば》では、タニシは氏神の使いとされ、食べることはもちろんタニシを煮ている家へ入っただけで病気になり、耕作中にタニシがいれば丁重に神社へ移すという。

（長谷川）

堅田の供御人《くごにん》行列

堅田は水上交通の要衝

堅田は大津市の北端に位置し、琵琶湖を南湖と北湖を分ける最もくびれた地点にある。対岸に守山市があり、その間の直線距離は一・二キロメートルほどにすぎない。古くはこの間を渡し船が通っていた。現在、堅田と守山間は琵琶湖大橋がかけられている。堅田は、その地の利を活かして、古くから漁業が営まれてきており、「湖族の郷《さと》」として知られてきた。同時に琵琶湖の水運の要衝であった堅田は、琵琶湖水運の関料をとる特権が与えられていたことでも有名である。

堅田は、もともと和邇《わに》の漁師が、下鴨神社《しもがも》（正式名は賀茂御祖神社《かもみおや》）の御厨供御人《みくりやくごにん》として、堅田に集住したのが始まりであるとされる。御厨は神社の境内にあって神饌を調理する建物のことで、古代末期から近世まで、堅田は比叡山延暦寺と下鴨神社の複雑な二重支配のもとで発展していった。比叡山延暦寺や下鴨神社の力を借りて、他の漁村に比べて、格段の漁業特権を得ていた。

堅田の特権

堅田には三つの特権が与えられてきた。その特権とは回船漕運《そううん》権、漁業権、造船権の三つである。回船漕運権は、堅田のくびれた地形を活かして、湖上を通過する船に対して、運送通行料を徴収する権利を認められてきたもので、堅田近辺の湖上は「堅田浦」と呼ばれ、湖上関が設置されていた。関料はおよそ積荷の一%に相当するものであり、この関料は堅田の経済的基盤を築く上で重要なものであった。

堅田漁民の漁業に関する特権は大きく、御厨供御人として琵琶湖のどこででも漁をすることが許されていた。遠くは湖北の竹生島近辺、琵琶湖北端の浦々までもが漁場となった。

造船に関する特権も大きなものであり、太閤《たいこう》朱印状のお墨付きをもらって、堅田の船大工が丸子船の製造の権利を所持していた。造船業は主に今堅田の大工が携わり、江戸時代末期まで特権が存続した。現在でもその歴史を継承して、ボートなど小型船舶の製

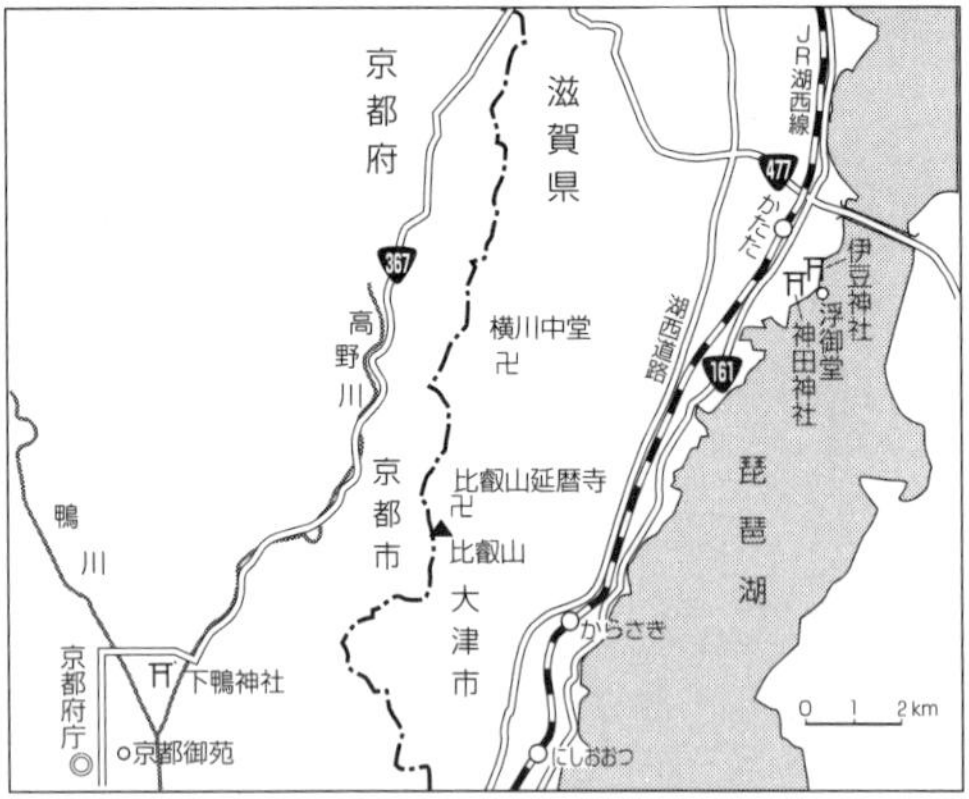

造では、堅田は屈指の技術を誇っている。

堅田の供御人行列

堅田は、京都下鴨神社の御厨として、毎年、湖魚とフナずしを献饌している。堅田御厨が成立するのは、寛治四年（一〇九〇）のことであり、以降およそ九〇〇年の歴史を持つ。下鴨神社領堅田御厨の供御人となった漁師は、堅田の一角に住みはじめ、下鴨神社の後盾で琵琶湖全域に渡る漁業権を持っていた。下鴨神社の分霊は、現在、本堅田にある伊豆神社と神田神社である。御厨として出漁したのは網漁師であり、網漁師は堅田の西浦（西ノ切と本切）を中心に住みつき、漁業を営んでいた。

献饌供御人行列は、領主に琵琶湖の鮮魚を献じる行列である。堅田の漁法の特徴は、延縄・もち縄・網漁であったが、近世以降には大網や小糸網漁法も導入されてきた。その中で、小番城《こばんぎ》（北浦・北ノ切）の漁師は、延縄流し釣り漁法や、筌《うえ》漁法で漁業を営み、釣漁師として有名であった。

江戸の元禄の頃（一六九八）、舟数は本堅田が九九隻、西ノ切が

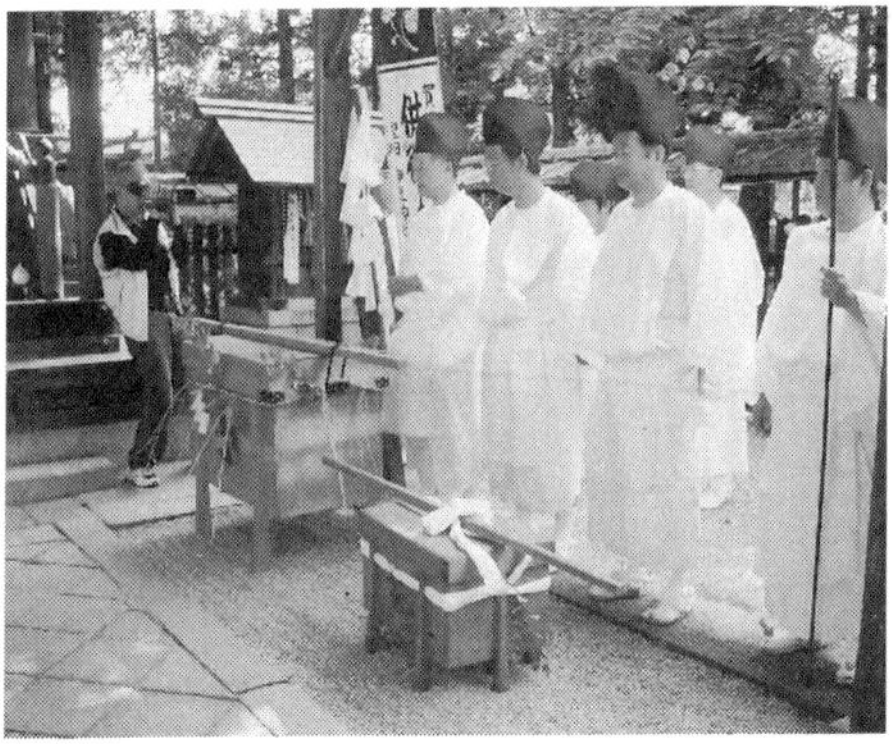

伊豆神社でのお祓い

五九隻、今堅田は八三隻と記されている。堅田の漁業者は、明治末期で二一〇名（『滋賀県市町村沿革史』第二巻）、昭和五年（一九三〇）で二九四名、昭和五十三年（一九七八）度で二六九名であった。堅田漁業協同組合は、昭和五十三年度の登録漁船が二一六隻、総トン数七三三トン（橋本鉄男著『琵琶湖の民俗誌』）であった。平成二年（一九九〇）の堅田漁協の組合員数は一九〇名、現在でも滋賀県全体から見て、最も規模の大きい漁業組合のひとつである。

堅田の漁獲高は、昭和五年で一万四〇四九貫で、県下有数の漁港であった。昭和五十三年度で八四一トンであり、これは琵琶湖全体の当時の漁獲量の一四％にあたり、およそ七分の一を水揚げしていたことになる。

堅田で獲れた湖魚は、魚揚場で魚市にかけられた。魚の仲買をする人は「センバ」と呼ばれ、行商して回る人は「ボテフリ」、「ボウシタ」と呼ばれ、周辺の村々に湖魚を販売して歩いた。大津、京都の市場に向けては、堅田から丸子船で鮮魚が運ばれた。これには堅田の魚商人が取引をして、大消費地へ琵琶湖の魚が流通していった。

下鴨神社（下賀茂社）の入り口

魚種は近世では、フナ、コイ、ヒガイ、マス、ウナギ、ギギ、ワタカ、エビ、シジミなどが漁獲されていた。昭和初期には、フナ、コイ、スゴ、モロコ、ゴリ、ハス、ギギ、エビ、シジミ、カラスガイなどが水揚げされていた。戦後はエビ、コアユ、モロコ、貝類の水揚げが多い。

献饌供御人行列は京都の葵《あおい》祭りに合わせ、前日の五月十四日にとり行われる。九〇〇年の歴史を持つ行列であるが、戦後とだえていた。この間、車で直接、献饌だけが下鴨神社（下賀茂社）に納められていた。これを平成二年に「湖族の郷実行委員会」が中心となって再興をはかり、その後毎年、献饌供御人行列が行われるようになった。

供御人行列は、朝七時頃から本堅田の神田神社で行列の準備作業が行われる。供御人は白の装束に身を固め、運搬する献饌の唐《から》櫃《びつ》二つを準備する。神饌は、生のフナとフナずしである。湖魚の代表としてフナが選ばれており、フナが手に入らない時は、コイで代用される。昔はこれをかついで比叡山越えの歩きの行列で京都の下鴨神社まで運ばれた。

献饌の入った行列の唐櫃

行列は総勢五〇名ほどで、神田神社を出発して、伊豆神社へと向かい、お祓いを受ける。本堅田の町内を巡行した後、バスで下鴨神社に向かう。神社入口に到着した後、緑に包まれた糺《ただす》ノ森の境内を巡行し、献饌が本殿にまで運ばれて、厳かに奉献式がとりおこなわれる。

堅田の供御人行列は、堅田が下鴨領であったことにはじまり、今日まで実に九〇〇年間、献饌の行事が続けられてきた。堅田はこの結びつきによって、湖上の親郷として、琵琶湖における漁業特権を有してきたのである。現在でも堅田は琵琶湖有数の漁港であり、漁業従事者も多い。

今回紹介した堅田の供御人行列からもわかるように、琵琶湖の魚が京の都へも運ばれており、京都と琵琶湖の結びつきの深さを見ることができる。

（堀）

安曇川簗場の跡

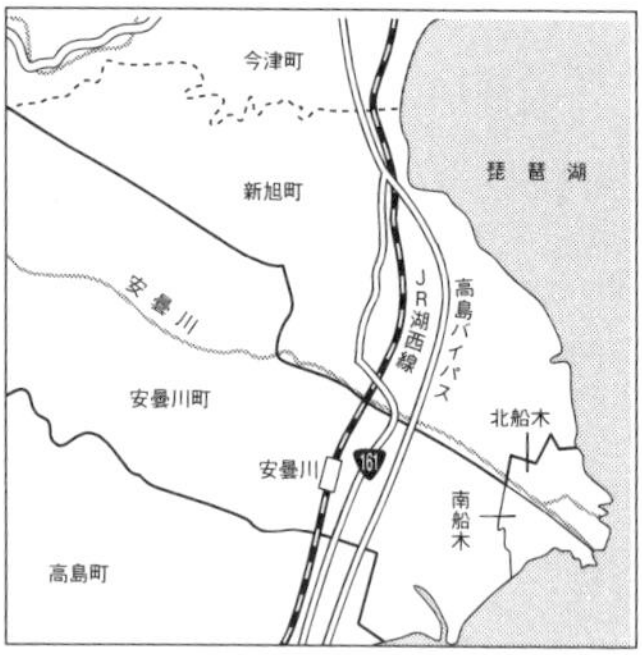

安曇川の献進祭

安曇川町北船木《きたふなき》は、琵琶湖に注ぐ安曇川が河口付近で北川と南川に分流するちょうど中州《なかす》に位置する集落で、湖西地域の中でも有数の漁村の一つとして経緯してきた。琵琶湖周辺には古代に海の民が入ってきて住みついたと考えられる地がいくつか知られているが、北船木もその一つで、古くは船木北浜、または単に北浜と呼ばれている。

いつのころからか未詳ながら天皇の贄人《にえびと》になっていたようで、白河上皇は寛治四年（一〇九〇）この土地を京都の賀茂上社（現在の賀《か》茂《も》別雷《わけいかづち》神社）へ寄進した。同社の御厨《みくりや》にされたことで、船木の人は公式に賀茂社の供祭人《くさいにん》＝神人《じにん》となることができた。供祭人の定員は五二人といわれ、雑事を免除された雑免田《ぞうめんでん》を一人に三町ずつ与えられるとともに種々の特権が保証され、琵琶湖及び安曇川において自由な漁撈《ぎょろう》活動を行うとともに毎日二度の御贄《にえ》を賀茂社へ備進することとなったのである。安曇川御厨は、こうして安曇川と供祭人の雑免田一五六町を軸として成立した。

上賀茂神社へ入る献進祭の行列

その後、山門日吉社や武士の濫妨《らんぼう》などがあり、十四世紀以降の文献史料からは「御厨」の存在が消えていくことになるが、賀茂社との関係はそれ以後も続いた。江戸時代になると、北船木は若狭小浜藩領となるが、漁猟などの小物成《こものなり》と船運上は大津代官所を通じて幕府へ納め、否応なく幕藩《ばくはん》体制に組み込まれていく。そして、それまでの供祭人として認められていた特権が周辺の村々から侵されるようになり、寛文五年（一六六五）すでに領主ではない賀茂社へ訴えるほどにひどくなってきたのである。これに応えて、賀茂社は今も神供の一部が安曇川より貢献され、節供の競馬二〇匹のうち一匹は船木の馬と号していると代官へ特権の保護を求めている。

さて、このような賀茂別雷神社の供祭人であった由緒に基づいて毎年秋に魚を献じる行事が続けられている。いつから始められたものか知るすべをもたないが、北船木に残されている神社からの受取状によると、寛政元年（一七八九）から明治三十年（一八九七）までのものが八八通確認され、少なくとも江戸時代の後半には献饌《けんせん》行事が行われていたことが知れる。

証

一金〇〇也　お供料（御祈祷料）
一金〇〇也　神酒料
右正ニ社納候也
平成　年　月　日　賀茂別雷神社社務所
北船木漁業協同組合　御中

証

一　水鮭　五喉
一　年魚　壱籠
右如例年献進相成神妙之至ニ存候
依而如件
平成　年　月　日　賀茂別雷神社社務所
北船木漁業協同組合　御中

明治三十一年以降の受取状の所在は不明であるが、この行事が現在も継続されていて、神社では「安曇川献進祭」と称し毎年十月一日午前十一時から行われている。行事を受け継いでいる北船木漁業協同組合では、役員が代参として当日の朝、ビワマスとアユを笹葉を敷いて箱に詰め自動車で京都上賀茂へ向かう。一行が社務所に到着すると、神社では諸員総掛かりで格別の歓待を持って遇されるとのことで、祭式次第によると次のようである。

・祭典は小祭式として行われる。
・時刻になると、宮司以下祭員及び責任役員、氏子崇敬者総代、特別参列者、北船木漁業協同組合役員代表らが社務所玄関へ列立し、祓所《はらいしょ》で修祓《しゅばつ》のあと着座する。
・神座へ一拝、神饌を献じ、片山御子神社へも神饌を献じる。
・宮司が祝詞《のりと》を奏上、参拝者は玉串《たまぐし》を奉る。
・神饌を徹し、一拝して終わる。
・直会殿《なおらいでん》で直会のあと、社務所正庁での饗膳で終わる。

神社では、組合からの献納品に対し上に示したような証書を出している。

神供の魚を箱につめる
（北船木漁協）

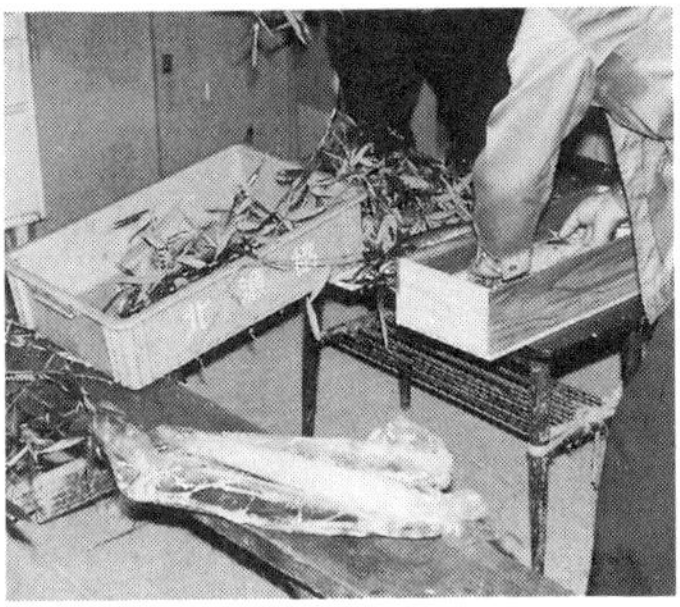

神供のアメノウオ

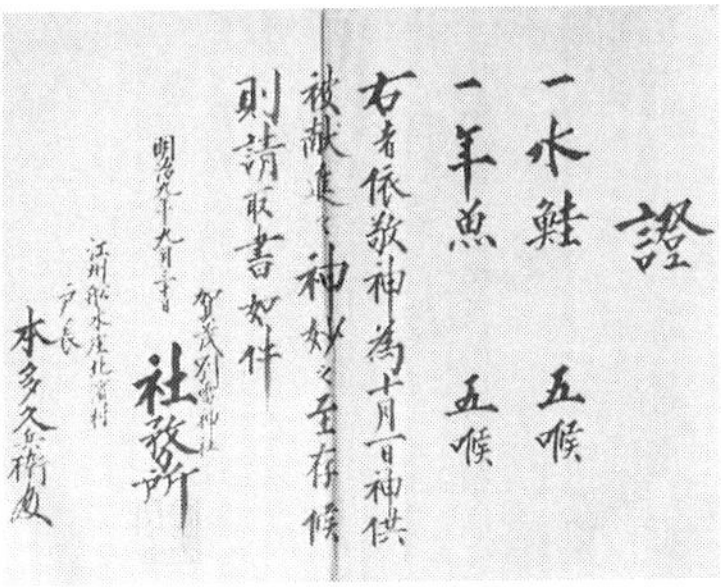

證
一 水鮭 五喉
一 年魚 五喉
右者依敬神為十月一日神供
被献進候神妙之至存候
則請取書如件

社務所

明治９年のアメノウオ・アユ神供の証

献進祭でもっとも古い史料である寛政元年（一七八九）九月八日の受取状は「覚」として「一、大鯉五喉《こう》、代り鰍四喉」、文政亥年では「一、大鯉五喉、代り水鮭五喉、一、年魚五喉」とあり、アメノウオ（水鮭）はコイの代わりに用いられたことがわかる。アユはのちに追加されたものと思われる。ちなみに、江戸時代は九月九日の節供の神饌とされたものが、明治になり太陽暦への変更から十月一日の神事へと変わったものである。

（長谷川）

大津祭り　四宮神社に集合した13基の曳山

大津祭りの食

四百年近い歴史を持つ大津祭りは天孫《てんそん》神社（四宮《しのみや》神社）のお祭りである。この神社の社伝によれば延暦《えんりゃく》年間（七八二〜八〇六）に創設されたようだが確証はない。四宮は四宮大明神のほか天孫第四宮大明神などともよばれてきた。現代の正式名は天孫神社であるが「四宮さん」が愛称。彦火火出見尊、国常立尊、大巳貴尊、帯中津日子尊の四柱の神々をまつる。

この祭りは、江戸時代はじめ、鍛冶《かじ》屋町に住む塩売治兵衛が狸《たぬき》面をつけて踊ったことから始まったとされる。寛永十五年（一六三八）からは三輪の曳山をつくり、やがて元禄、安永年間に現在の曳山となる。例年十月十日に催していたが、平成十二年（二〇〇〇）から「体育の日」の前日に変更された。

前日の宵宮には見送りのゴブラン織や、曳山装飾品が町家に飾られ披露される。祭り当日はそれらを曳山に移して飾り、一三基の曳き山が市内を巡行する。これは、江戸時代の大津の経済力を象徴するもので、また長年に渡ってこれを支えてきた町衆の心意気を示すものでもある。

特色の一つにカラクリがある。これは、中国の故事や能、狂言からとったものでその江戸文化の技術水準は高く評価されている。宵山では「コンチキチン」の祭囃子が夜空に響き、赤い提灯の火に照らされて浮かび上がった曳山は優雅である
大津の町は、毎年九月十六日から囃子の練習がはじまり、祭り気分を盛り上げる。町は急に活気づき、祭り一色になり、男衆も、女衆も、準備に追われる。

我が家では「祭りの食事」を、主人の母に教わったとおりに今でも作っている。男衆の朝の出立ちには「赤飯、蒲鉾、厚焼き卵、味噌汁」を用意する。昼には「巻きずし、サバずし、タイそうめん、芋棒、エビ豆、ゴリの煮もの、フナずし」などをだす。芋棒は、正月と、お祭りに必ず出る料理である。

大津祭りは、京都の祇園祭りに似た所があり、食べ物も京都の風習が受け継がれている。京風ちらし寿司も毎年つくる。これらの食材は、近江のおいしいお米と、湖魚、若狭から来るサバ、湖南の野菜、すべてをあちこちから調達しなければならず、幾日

サバずし（上）、巻きずし（下）

か前からの買い物を含めて祭り前後は結構忙しい日が続く。最近ではこれらを作らずに買う家庭も多くなり、また、今風のメニューの家もふえているようである。

大津祭りのご馳走

栗赤飯（栗おこわ）　糯米《もち》は洗って前日よりキビ殻《がら》の汁につけ、汁けをきって、ゆで小豆、むき栗、塩を混ぜて、蒸す。器に盛って黒ゴマをふる。キビ殻での色付けはとても鮮やかで、祝いの膳には最高である。

蒲鉾　紅白の蒲鉾を切ってもりつける。

巻きずし　赤蒲鉾、シイタケ甘煮、カンピョウ煮、三つ葉、厚焼き卵などを芯に、毎年二〇本ほど巻く。

サバずし　前日に塩サバを買い、酢でしめて、骨抜き、皮をひき、用意する。米は、粳米《うるち》に一〇％ほどの糯米を入れて炊き、酢合せし、冷ましてサバと合わせて押していく。次の日に食べるのがおいしい。

ちらし寿司　カンピョウ、高野豆腐、ちりめんじゃこ、ニンジ

タイそうめん

ンを酢合せした御飯に混ぜ込み、器に盛り、上に錦糸卵、シイタケ甘煮、キヌサヤせんきり、紅ショウガを盛るととても美しく食欲をそそる。

芋棒　サトイモと棒ダラの煮物で京都の祇園で作られたのが始まりである。

エビ豆　前日に豆を浸けて豆をやわらかくしてからエビを合わせ煮あわせる。おいしいと見栄えがわるく、見栄えがよいと味がもうひとつということがよくある。味も見栄えもよく仕上げることは結構難しい。

タイそうめん　タイそうめんはお祭りにつきもののごちそうで、タイを炊いた残り汁で、そうめんをからめて盛りつける。

その他　刺身、フナの子まぶし、エビの天ぷら　蒲鉾シュウマイ、チンゲンサイのエビあんかけ、枝豆、フナずしなど

久しぶりの客人と酒を酌み交わしたいところであるが、主役の一家の主は、曳山とともに町を巡行するので、接待できないのが残念である。　（小川）

曳山の上で演じられる子供歌舞伎

長浜曳山祭

長浜の祭りの食

春の訪れは桜の開花と心が浮き立つようなシャギリの音。長浜曳山祭は毎年四月九日から十七日にかけて行われる長浜八幡宮の春の例祭である。十四日から十六日まで曳山の上で子供歌舞伎が演じられることで広く知られている。

九日の裸参りが始まる頃から町は祭り気分が盛り上がってくる。宵宮（十三日）には近在の親戚へ「お祭りですので、これとゆうておかまいもしませんけど、どうぞ見に来ておくれやす」という口上とともに重箱に入れた赤飯か草餅を配る。

お客を迎えるのは十四・十五日の本日、十六日の後宴である。子供が曳山《やま》に上がった（子供歌舞伎に出る）家は、特に親戚などお客が多い。祭のごちそうといえばサバそうめん、ウグイの煮付け、モロコ煮、ちらし寿司、バッテラ、巻きずし、赤飯、筍とわかめを煮た若竹煮、フキとわかめの煮物などがよく供される。お気づきのように、ウグイの煮付けとモロコ煮以外は、サバやタイなど海の魚を使った料理である。これは、日常のおかずであった川魚

ウグイの煮付け

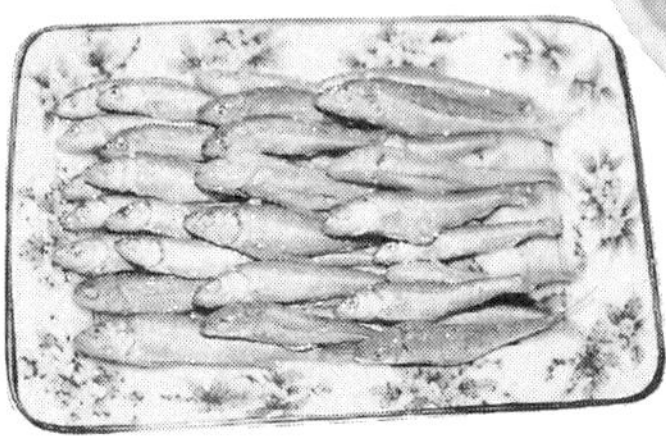

モロコ煮

に対して、祭りなどハレの日のご馳走には、手に入りにくい「海の幸」をという感覚があったためと思われる。

ウグイの煮付け　祭の頃は、ちょうどウグイが旬で煮付けがおいしい。ウグイはエラからはらわたを抜き鱗を取る。小骨が多いので尾の方から細かく骨きりをして二つに切る。酒、砂糖、醤油で味付けた、たっぷりの煮汁でこっくりと煮る。

サバそうめん・タイめん　サバを割竹で挟み焼いた焼きサバを魚屋で買って、一本のサバを四～五切れに切る。だし汁、酒、砂糖、醤油を沸騰させた煮汁の中で静かに煮る。しっかり味が付いたらそっと魚を取り出し、煮詰まった煮汁を酒で薄め、醤油を少し足して、堅めに茹でたそうめんを煮る。大皿にサバを片側に盛りつけ、横にそうめんを盛りつける。長浜祭にはなくてはならない一品である。

家によってはサバそうめんでなくタイめんにするところもある。大皿に盛ったタイを客に盛りつけるとき、切り込みに沿って身をはがして盛る。

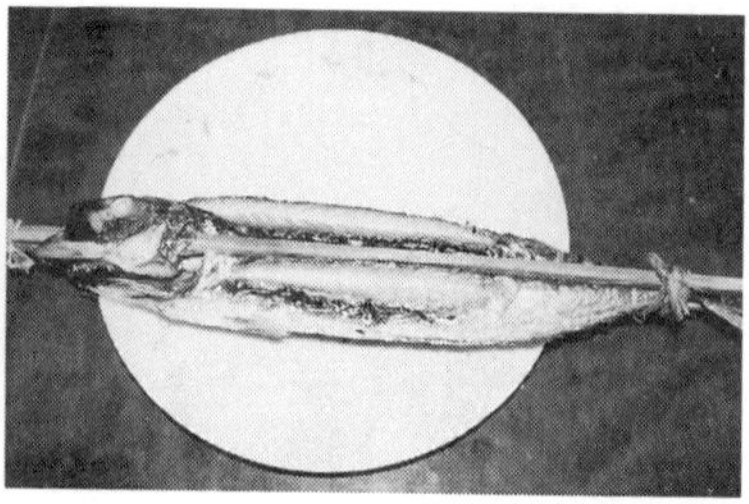
焼きサバ

サバそうめん

バッテラ（**サバずし**）　若狭で穫れたサバに塩をした塩サバ（ブキサバともいう）が、この時期たくさん魚屋さんに並ぶ。十二～十三日頃、市内の魚屋さんではほんの一塩のものがよく売れる。生を買って家で塩をする家もある。

塩サバは酢洗いをして頭をはずし、三枚におろす。腹骨を取って味醂で少し甘みをつけた酢液に一晩漬ける。骨抜きで中央の小骨を取って薄皮をはぎ、片身の厚みを半分にそぐ。巻き簾の上にぬれ布巾を敷き、サバの皮の方を下にして置き、尾に近い方はそぎ身を足して長方形にし、すし飯を大きめのおにぎりくらいに丸めてサバの上に三個置いて均し、巻き簾を巻いて棒状に形作る。内側を酢でぬらした竹の皮にサバずしをきっちり包んで半日くらい押しておくと味がなじんでおいしくなる。簡単には型を使ってつくることもある。型の底に魚を皮側を下にして並べる。すし飯をおいたら押し蓋で均等に押して裏返し、型をはずしたらでき上がる。

サバの上に甘酢に漬けた白板昆布をのせることもある。ひからびるのをさけるため切るまでラップに包んでおく。ばらん、紅シ

サバの馴れずし

ヨウガを添えて盛りつける。

アジの馴れずし・サバ馴れずし　一五センチくらいの一塩のアジが馴れずし用に漬けられた。背骨だけ取って針ショウガとともに塩を入れたご飯で漬ける。上はご飯を厚めにして押し蓋をし、重石をして水を張っておくと一二～一三日頃で食べられようになる。所々に小振りのサバもいっしょに漬ける。これを一・五～二センチくらいの幅に切って盛りつける。

馴れずしを出した後はまた水を張っておく。一カ月ぐらいまで食べられる。一斗缶入りで入ってくる一口の一塩アジも馴れずしによく売れたという。アジの馴れずしは今ではほとんど見かけなくなり、サバの馴れずしが漬けられるぐらいである。

サバ馴れずしの頭はこんがりと焼いて、焼きたてにジュッと酒か味醂で割った酢をかけ熱いのを食べるのがおいしい。（中）

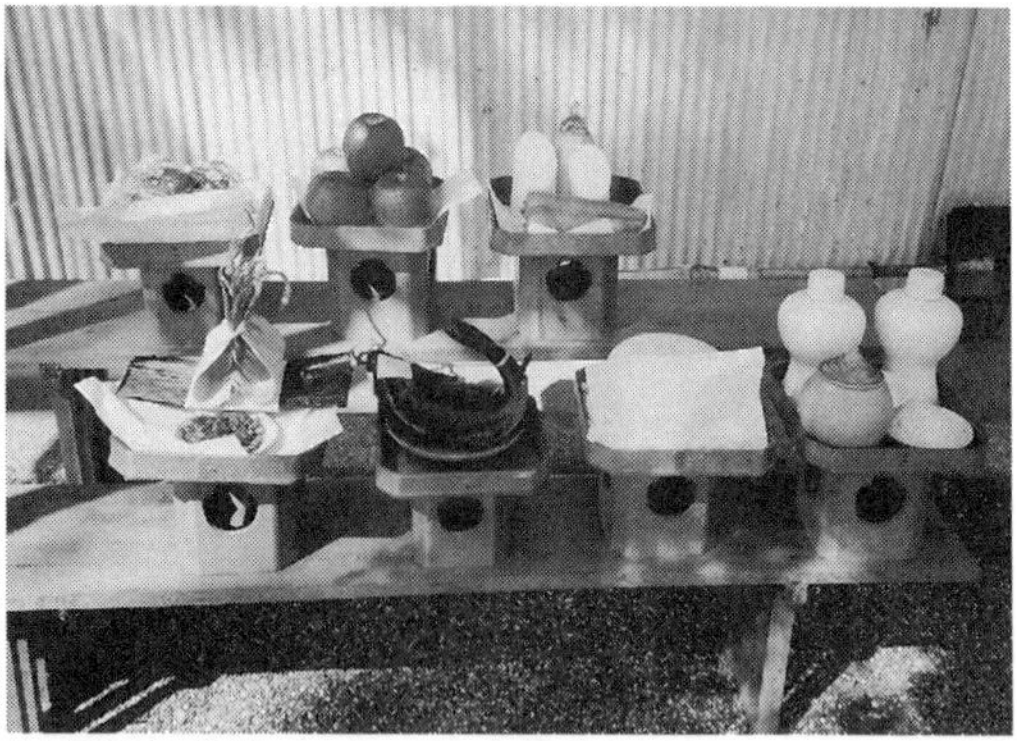
野神祭りの神饌

野神祭りの神饌

野神《のがみ》祭りは、ちょうど琵琶湖大橋の西岸にあたる大津市今堅田《いまかたた》二丁目の半農半漁の地域で行われている。野神神社で行われている祭りは、別名「きちがい祭り」ともいい、奇態な風習が残されている。

野神神社は、南北朝の武将・新田義貞の寵愛を受けた勾等内侍《こうとうないし》を祭神としている。南北朝の争乱で新田義貞は、足利尊氏に敗れ、越前へ逃れる。その途中、勾等内侍は、今堅田におかれるが、延元三年（一三三八）、義貞の戦死の悲報を聞いて、悲嘆のあまり、琴が浜（野神神社東南東の湖岸）で入水自殺をとげたという。

内侍の命日が旧暦九月九日であって、この日に御霊を鎮《しず》めるために野神祭りが行われているといわれているが、最近では新暦の十月八日・九日を中心に行われている。

祭りの準備

野神講という組織があり、祭は講員により行われている。講員

御膳持ちが鯉やエビ豆を持つ

口に榊の葉をくわえた当屋（前から２人目）

は、内侍を葬った人々の子孫と伝えられ、講員から毎年祭りを担当する「当屋」が選ばれる。前年の当屋を「前当屋」、翌年の当屋を「受当屋」とし、両者の当屋と本年の当屋とで準備が行われる。九月十八日の午前十時三十分に当屋と受当屋が神社に参拝後、手桶や杓を持って琴が浜に向かい、手桶に半分の湖水と、バケツ一杯の泥を持って神社に戻る。神社境内にある内侍の墓と伝えられる塚に積み上げられた石をとりのけて、手桶の水で清めたあと、石に泥を塗りつけて行事の本番に備える。

野神祭りと神饌について

十月八日に当屋で準備した神饌を大唐櫃《からびつ》に入れて神社へ社参する。神饌は洗米・御神酒・御塩・鏡餅・コイ・エビ豆・するめ・野菜・果物・昆布などである。

神事（神主によるお祓いなど）の後に当屋宅で直会が行われ、その途中に「野神大神」の軸がおろされて受当屋が自宅に持ち帰って自宅の床の間に掛けるということであったが、本調査時では、社務所で直会が行われ省略されていた。

御膳（エビ豆）を投げつける

御膳（コイ）を投げつける

午後一時に、当屋に受当屋から使者が到着するや「お渡り」が始まる。口に榊《さかき》の葉をくわえ御神体の入った黒い小唐櫃を持った当屋を先頭に、大唐櫃・神主および三方にのせたコイやエビ豆などの神饌を持つ人が続く。

古式の手順で進められ、やがて受当屋が口に榊の葉をくわえて行列を出迎え、小唐櫃を受け取って、走り帰り床の間に安置する。特にお渡り行列の最中に珍しい光景が展開される。受当屋の家の玄関前近くに来ると、御膳持ちが順番に、行列を待ちかまえる人たちに向かって、御膳を激しく投げつける。本来は、当屋が受当屋へ持ってきた御神体や御膳を渡すものであったのだろうが、奇態な祭りという性質上、御膳を投げつけられるのを免れるために、御神体のみ受け取って素早く家に入ることになったのだろう。その後、受当屋宅で「当渡しの盃」が交わされていたが、お茶飲みに簡略化されていた。ここで、来年の当屋と今年の当屋の引継ぎが行われるのである。

その夜、当屋の燈明から松明《たいまつ》に火が移され、長い竹の先に御幣をつけたのを先頭に松明などの行列を組み、琴が浜から野神神社

拾ったコイは魔除けになるとされる

へ向かう。神社では、参道横の田に竹の御幣を力一杯突き刺す。竹が深く刺されれば、来年は豊作だとされる。

この御幣には次のような謂《い》われがある。昔からこの辺りは低地で、雨量の多い年には琵琶湖の水位が上がり、農作物に大きな被害を受け悩まされていた。村人らが神に助けを求めて神社へ日参していたある夜、村人数人の枕元に勾等内侍が現れて、御幣のお告げを受けたことが現在に伝わる野神神社の神事となっている。

近在の村人たちも年ごとに立つ御幣を見に来て、その年植える稲の品種を選んだという言い伝えや古記録が残されている。明治二十九年（一八九六）の大洪水の際には、この御幣の高さにまで琵琶湖の水位が上がり、この村の民家の三分の一が倒壊流失してしまったと語り継がれている。

松明が内侍塚を取り囲むなか、石は塚に積まれ、湖水で塚は清められる。その後、行列は神社を出発し、伊豆神田神社に参拝後、「城門じゃ、火事じゃ、火事じゃ」と大声をあげ、集落を一周し、当屋に戻る。

翌日十月九日、新旧当屋が「灰葬《はいそ》参り」と称して野神神社へ参

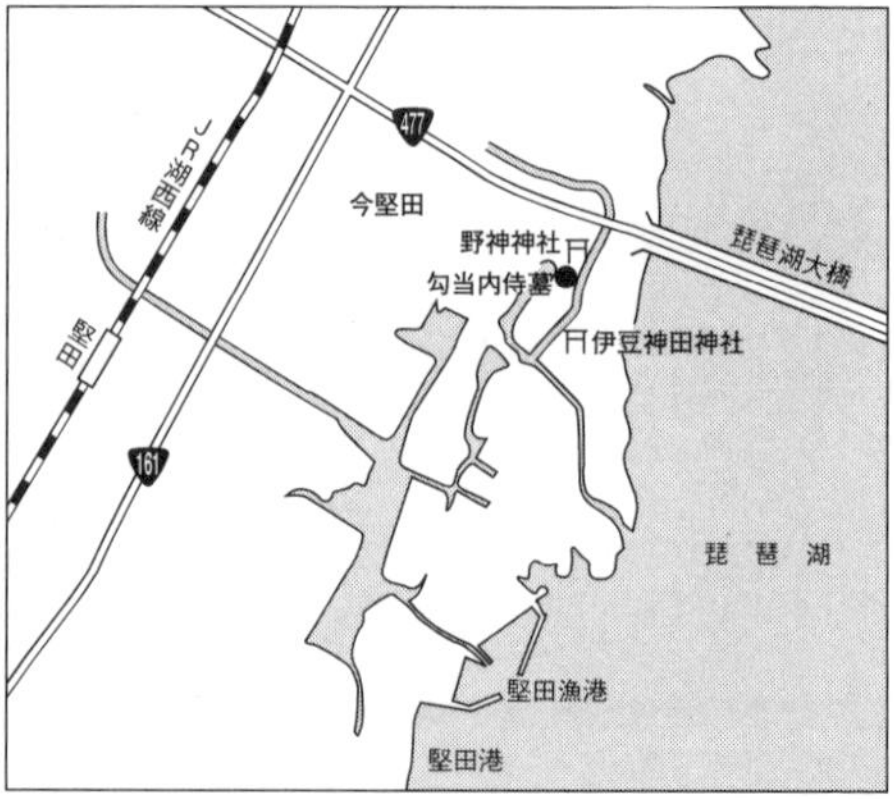

拝し、行事は終わる。

御幣の謂われにあるように、内湖から田の水をひいているので、水の安定供給を願っての農神（野神）祭りのことを意味するのであろう。また、祭りの「お渡り」では、御膳持ちが三方に乗せた神饌を投げつける光景を初めて見れば、驚く人もいるだろうが、餅をまく神事もあるように何らかの御利益があるのだろう。

いずれにしても投げ出された神饌は「魔除け」になるというので、多くの人が拾っている。投げ出された神饌のコイやエビ豆は琵琶湖で獲れるし、自家製の大豆は、その昔は畦豆としてどの家でも栽培していたものである。つまり、この祭りは最初に農耕の本来の目的である五穀豊穣を祈る祭りがあり、内侍の霊を鎮めるための神事が付加され、「きちがい祭り」とも呼ばれる奇態な祭りに変化してきたのではないだろうか。

（秋）

第四章　琵琶湖の魚貝類の栄養と調理性

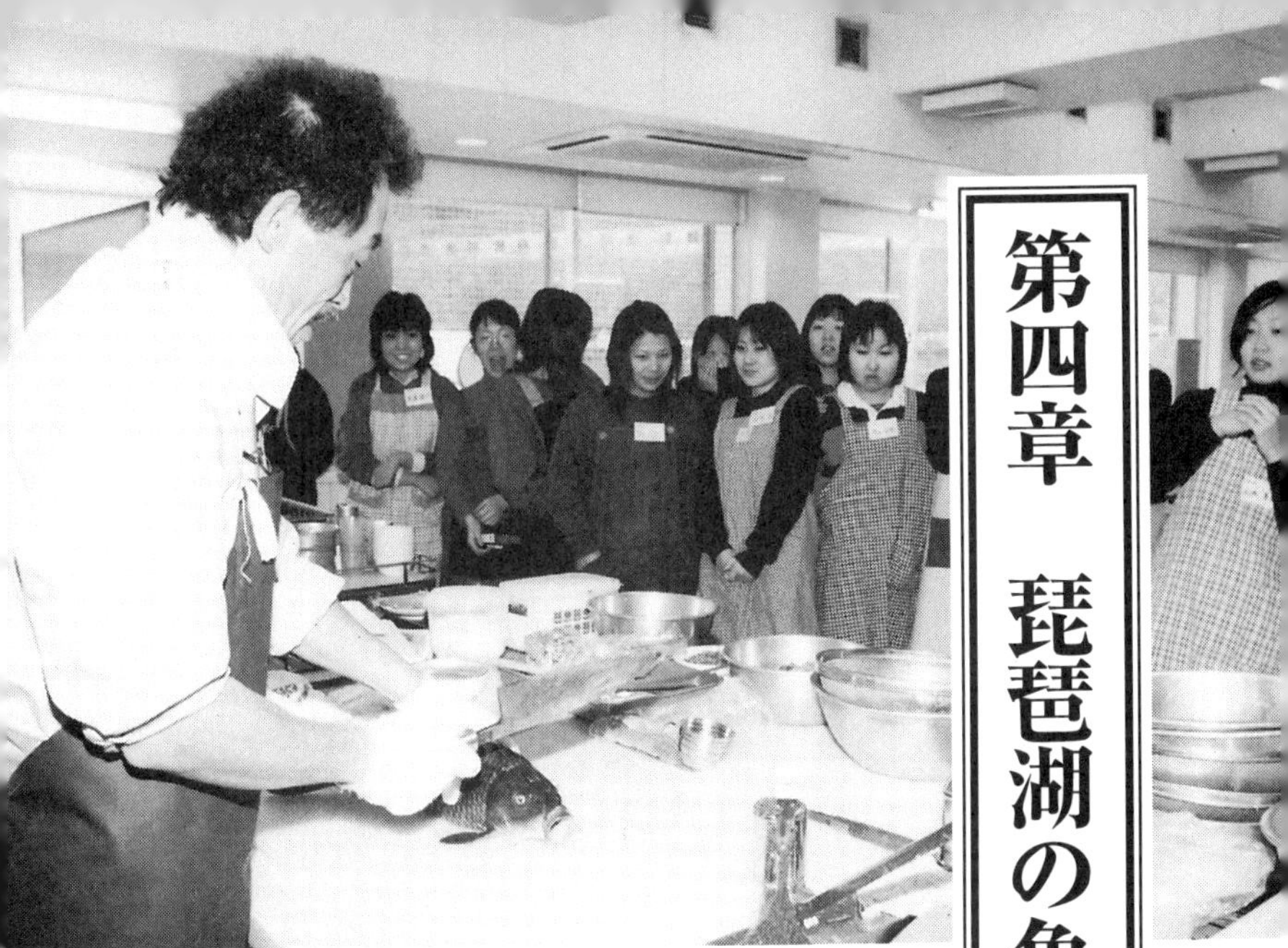

▲コイのあらいの実演風景

▼湖魚料理
上：コイのあらいとマスの刺身　膳：（右上）イワナのホイル焼き、（左上）エビ豆、（右下）シジミ汁、（左下）アメノイオ御飯

お盆のごちそう。右上からオイカワのめずし、モロコ煮、焼きモロコのどろ酢かけ

湖魚の栄養

年々琵琶湖産魚貝類の漁獲高が減少し、私たちが日常食として食べる回数も減ってきている。また、地域や家庭でおこなう行事も減少し、もてなし用に作られていた湖魚料理も作る機会が少なくなってきている。

しかし、今まであまり注目されてこなかったが、例えばヒウオを食べて春の到来を感じたり、ゴリを食べて墓参りのご馳走をなつかしく思い出すという癒《いや》しの食が、真に豊かな食であり、それが病気に対する免疫力を高め、人々の健康を維持しているということがわかってきた。淡水魚貝類は入手しにくいということや、丸ごと食べる、生ぐさい、鮮度が低下しやすいなどということから消費が伸びにくいが、それらにはいろいろな栄養成分が含まれている。琵琶湖産魚貝類の栄養成分については、一般成分組成、無機成分含有量、脂溶性ビタミン含有量、脂質の脂肪酸組成などについて、また、魚類・エビ類の揮発性成分の生鮮時および貯蔵中の鮮度低下に伴う変化について明らかにしたので、ここで紹介する。

一般成分組成

一般成分組成というのは、食品の主な成分である水分、粗灰分、粗たんぱく質、粗脂肪がその食品の中でどれくらいの率を占めているかを表したものである。すべて成分は可食部について調べたものである。(図1)

まず、水分と粗脂肪であるが、水分の組成比と粗脂肪のそれとは負の相関関係にあり、水分が多いと粗脂肪が少ない。七月にとれたビワマスや七月にとれたウナギ、八月にとれたホンモロコでは水分含量が非常に少ない。したがってそれらには粗脂肪量が非常に多く、粗脂肪量はそれぞれ一二・二%、一六・二%、一二・五%となっている。水分の組成比と粗脂肪のそれは、両者を合わせると一般に約八〇%となる。水分と粗脂肪の量は産卵期の関係で変動が見られる。その変動は大きく、七月のビワマスには、九月のビワマスの約二倍の粗脂肪量があり、その他、オオクチバスや小アユなどほとんどの魚で粗脂肪量の変動が見られる。粗脂肪

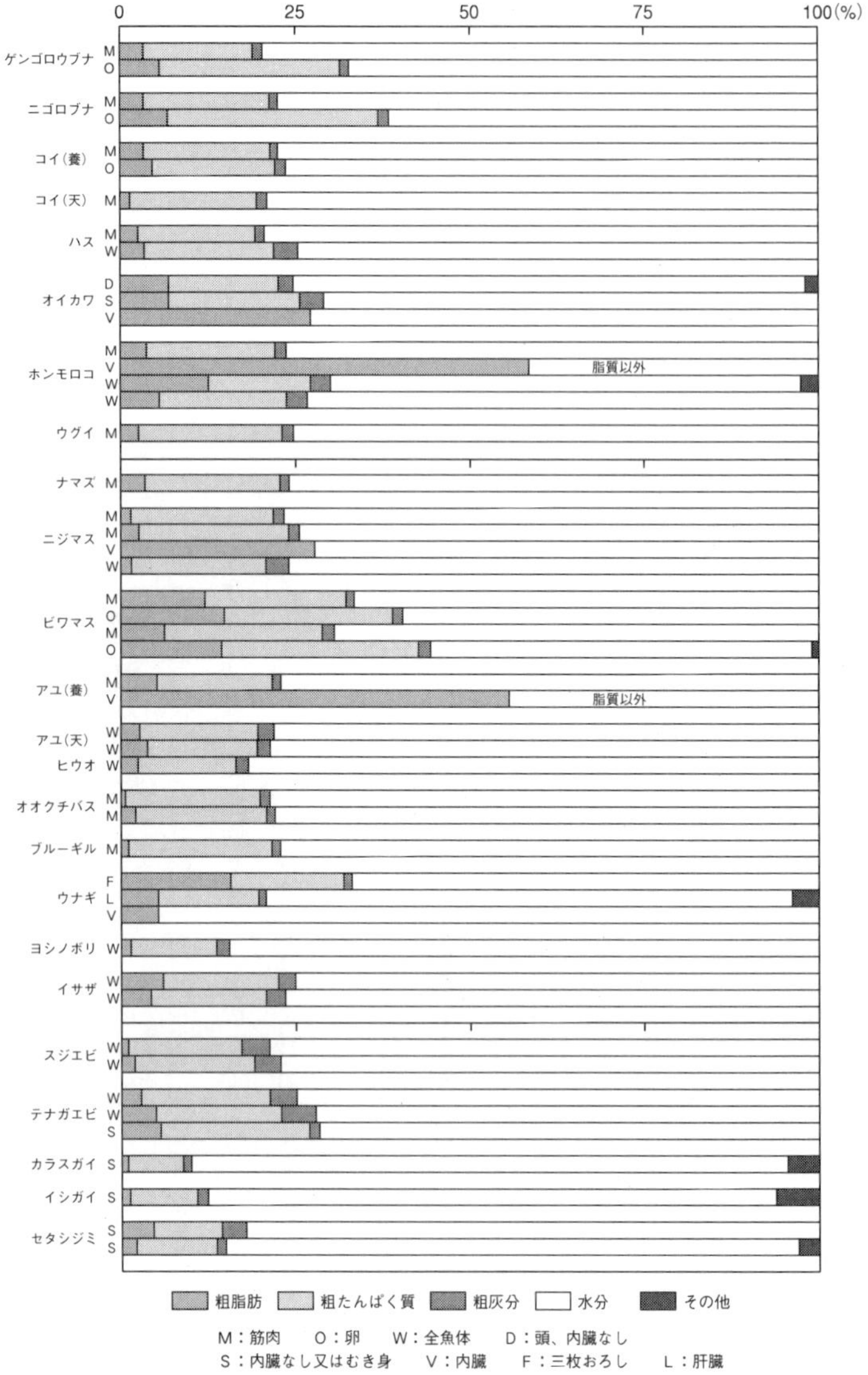

図１　琵琶湖産魚貝類の一般成分組成

量の多い時期はいわゆる「旬」であり、最もおいしい時期とされる。養殖魚と天然魚とを比較すると、コイでは養殖コイの粗脂肪量は天然コイのそれの約二・五倍もある。これより天然コイの身はあっさりしていると言えるようである。湖魚と海産魚類の水分を比較すると、一般に湖魚は海産魚類に比べて、水分含量が五〜一〇%ほど多い。

次に、粗灰分の組成比は骨ごと食べるハスやホンモロコ、小アユ、イサザなどの小型魚で高い値を示すが、スジエビやテナガエビなどのエビ類ではさらに高い。これらはカルシウムなどのミネラルのよい給源となるものである。

次に、粗たんぱく質の組成比は筋肉においてはコイ科魚類におけるそれよりも、コイ科以外の魚類におけるそれのほうが一般的に高い値を示している。ニジマスやビワマスでは二〇%以上の組成比を示すが、これは海産魚類に匹敵する値である。しかし、一般的に海産魚のほうが湖魚よりもその組成比は高い。一方、魚卵の粗たんぱく質量は一般的に筋肉のそれよりも多く、ニゴロブナやゲンゴロウブナの卵はフナずしに加工されて食され、ビワマスの卵もアメノイオ御飯に炊いて食されるので有効的である。

フナ類やブルーギルでは筋肉の歩留まりが極めて低い。これはいわゆる可食部が少ないということで、アラになる部分が多いということである。

脂質の脂肪酸組成

日本では近年飽食の時代を迎え、いわゆる生活習慣病が増加してきている。そのため、脂肪の摂取量や脂肪酸の組成が問題とされてきている。第六次改訂の日本人の栄養所要量では、脂肪の中での高度不飽和脂肪酸の占める割合や、高度不飽和脂肪酸とビタミンEの割合、さらに脂肪酸の系列から算出した生理活性指数なども示されるようになってきている。このように脂肪酸組成が問題とされるようになってきて、魚類の脂肪には高度不飽和脂肪酸が多く含まれ、生理活性指数も望ましい比率を示すことがわかってきた。従って、魚食は生活習慣病の予防に効果的であるとされている。

琵琶湖産魚貝類の脂質の脂肪酸組成を見てみると、組成比の高

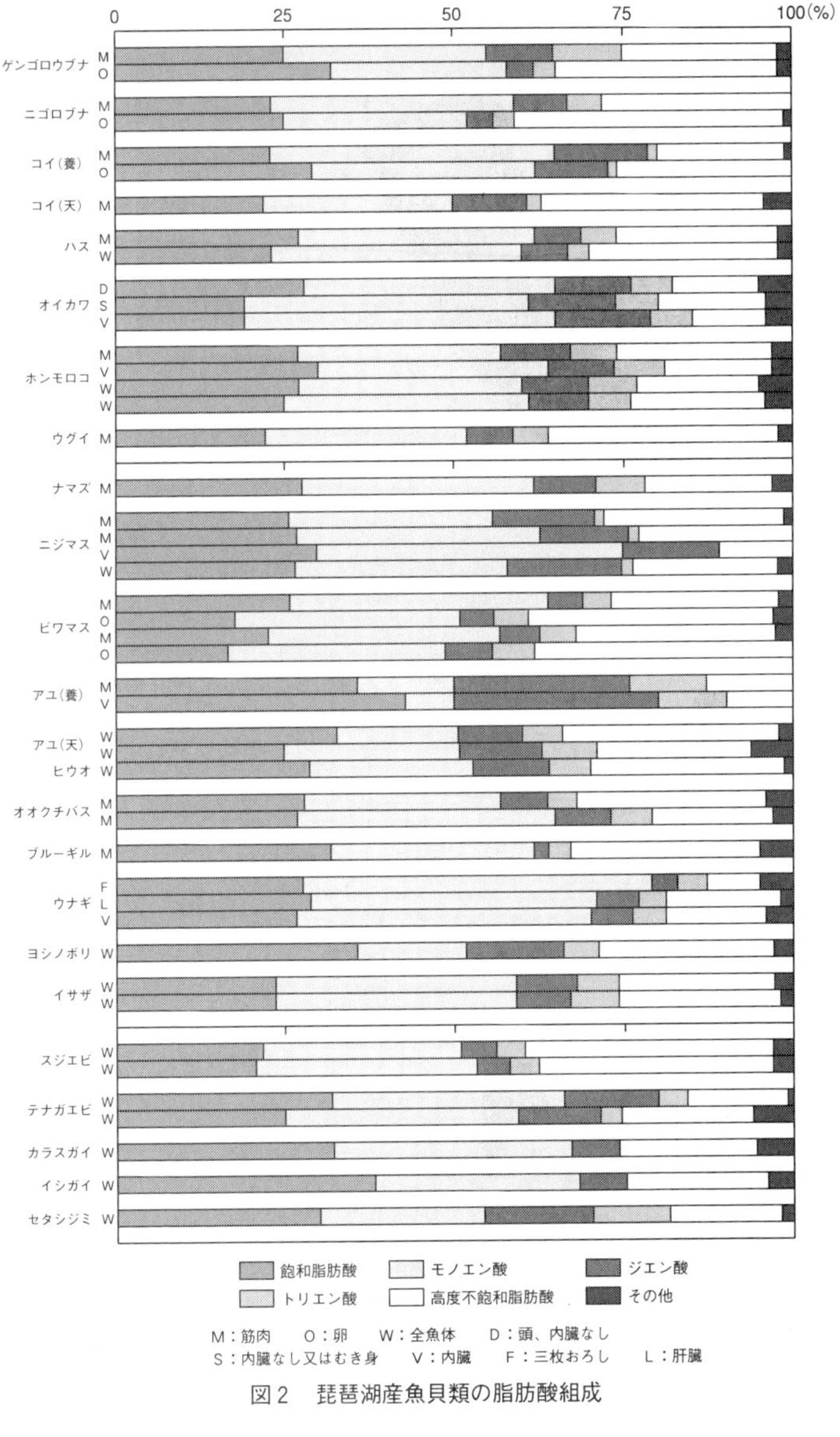

図２　琵琶湖産魚貝類の脂肪酸組成

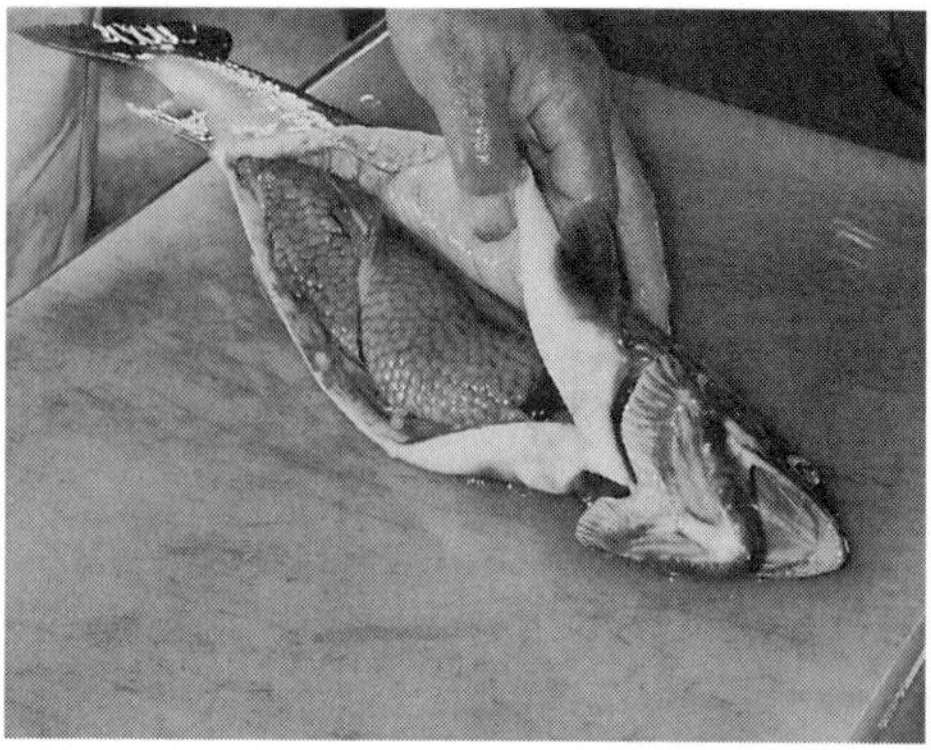

子持ちのアメノイオ

い脂肪酸は、それらの魚種や部位、採取時期に関係なく、パルミチン酸、パルミトレイン酸、オレイン酸などである。次いで、ステアリン酸、リノール酸、アラキドン酸、EPA（エイコサペンタエン酸）、DHA（ドコサヘキサエン酸）などの組成比が高い。粗脂肪量の多いオイカワやホンモロコの各部位において、またウナギのフィレーにおいてはDHAの組成比の低い傾向が見られる。

しかし、ビワマスの筋肉や卵では、粗脂肪量が多いわりにDHAの組成比が高いので、これらは高度不飽和脂肪酸のよい給源となるものである。フナ類の卵はフナずしでは貴重なものであるが、これらも粗脂肪量が多いわりにDHAの組成比が高い。天然コイと養殖コイを比較すると天然コイの筋肉には養殖コイの筋肉よりもアラキドン酸の組成比が高く、オレイン酸の組成比が低いことが特徴的である。また、スジエビの粗脂肪量はあまり多くはないが、EPAの組成比が高いのが特徴的である。海産魚類の筋肉と湖魚の筋肉や全魚体の高度不飽和脂肪酸の組成比を比較すると、海産魚類のそれのほうが、湖魚のそれよりも全体的に高い値を示す。

テナガエビの照り煮

無機成分含有量

琵琶湖産魚貝類は丸ごと食べる種が多く、一般に無機成分の含有量が多い。特に、カルシウムやリンは骨ごと食べる小魚類で多いが、スジエビやテナガエビなどのエビ類はカルシウム量が多いわりに、リン量が少なく、カルシウムの給源としては非常に望ましい。しかし、骨や殻は硬いので、よくかんで食べることが大切である。鉄は一般に魚類の肝臓においてその含有量が多い。従って内臓ごと食する小型魚には鉄分が多く含まれている。また、貝類にも多く含まれており、特にセタシジミにおいてその含有量が多い。ナトリウムと亜鉛は魚類の肝臓や卵に多く含まれているが、ナトリウムは特にエビ類に多く含まれている。一般的に無機成分は魚の内臓にも多く含まれているが、カリウムは珍しく内臓よりも魚肉に多く含まれている。従って、魚肉だけを食する大型魚でその含有量が多い。マグネシウムは魚の卵に多く含まれているが、特にビワマスやオオクチバスの成熟卵でその含有量が多い。また、エビ類にも多く含まれている。

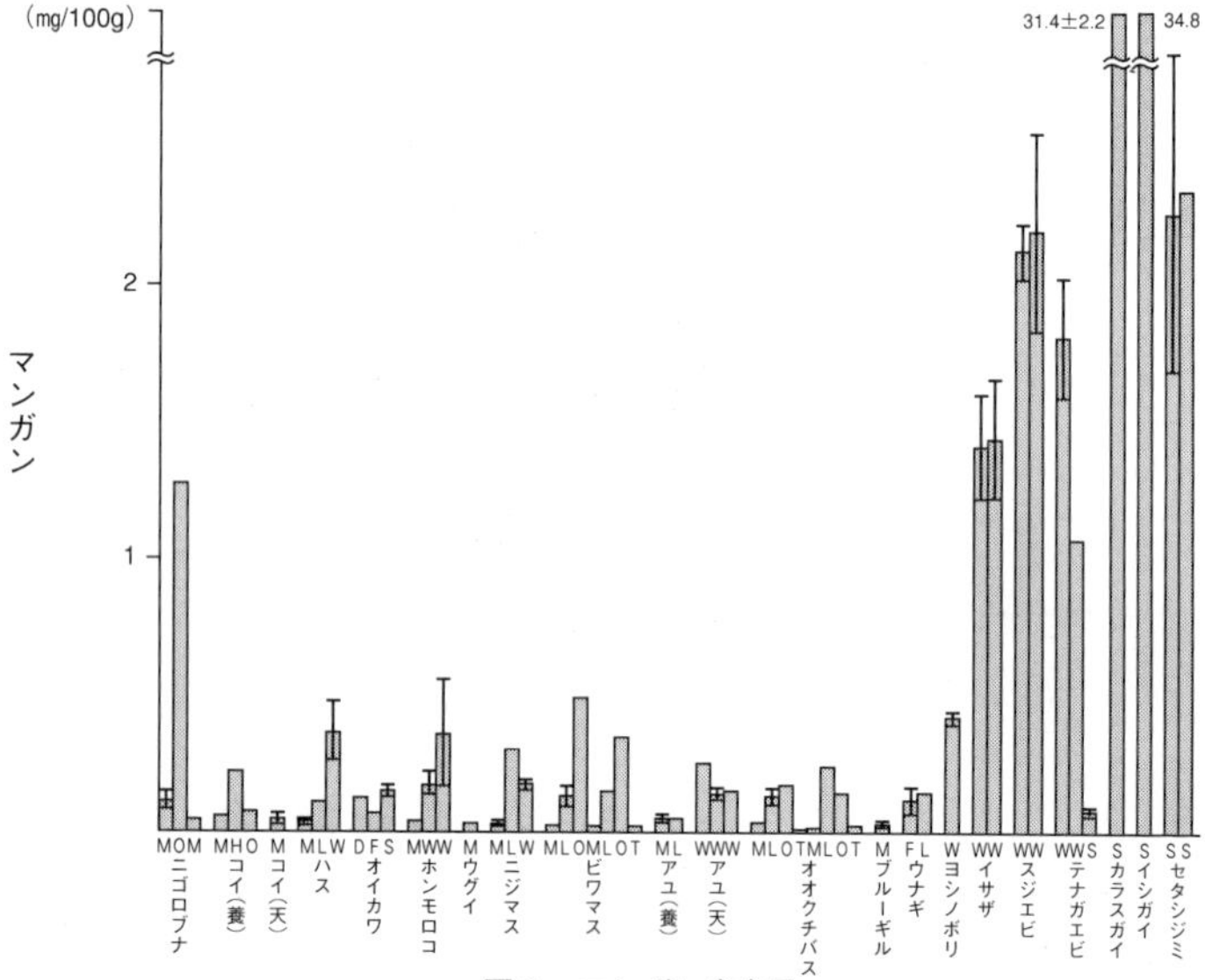

図3　マンガン含有量

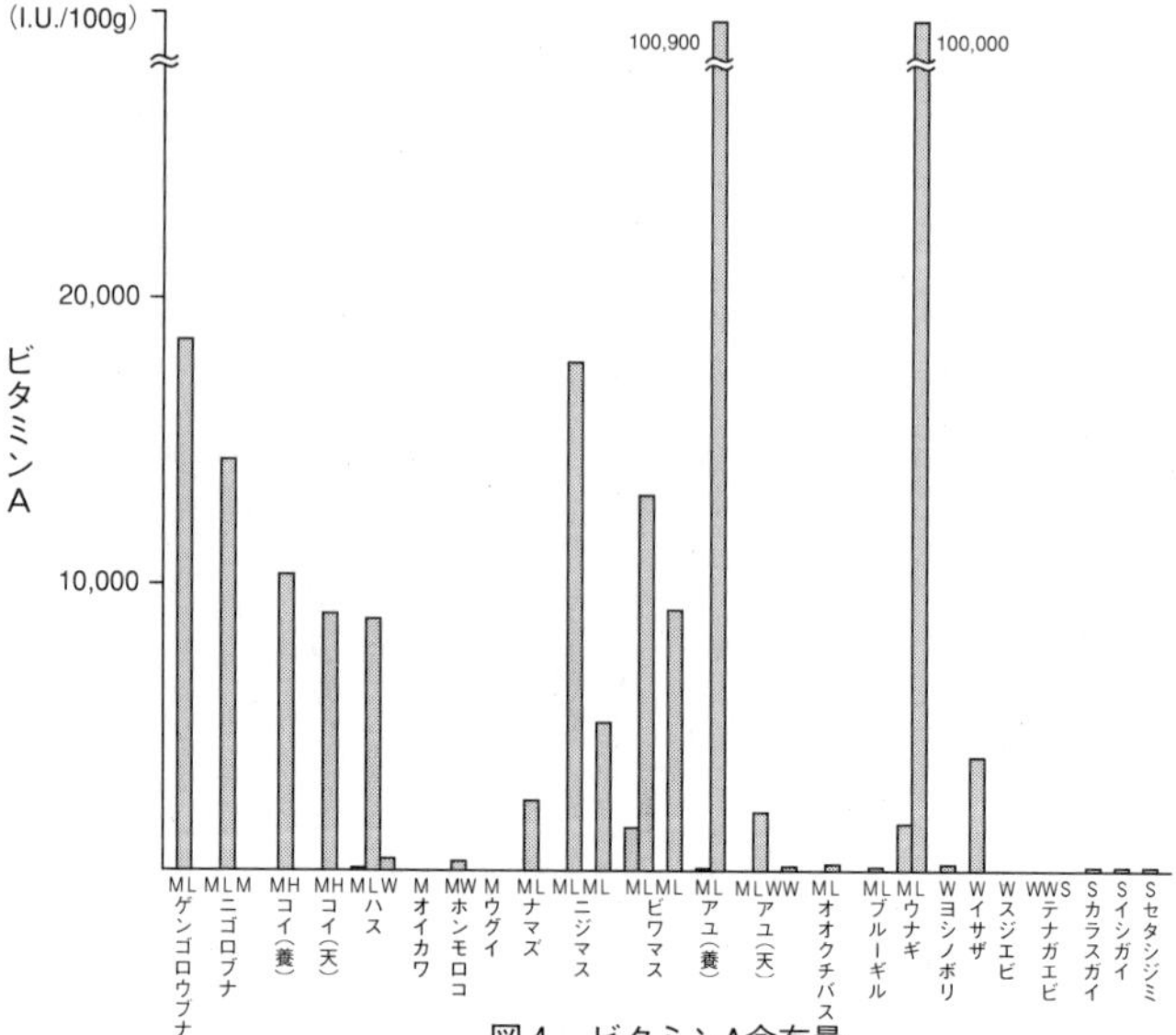

図4　ビタミンA含有量

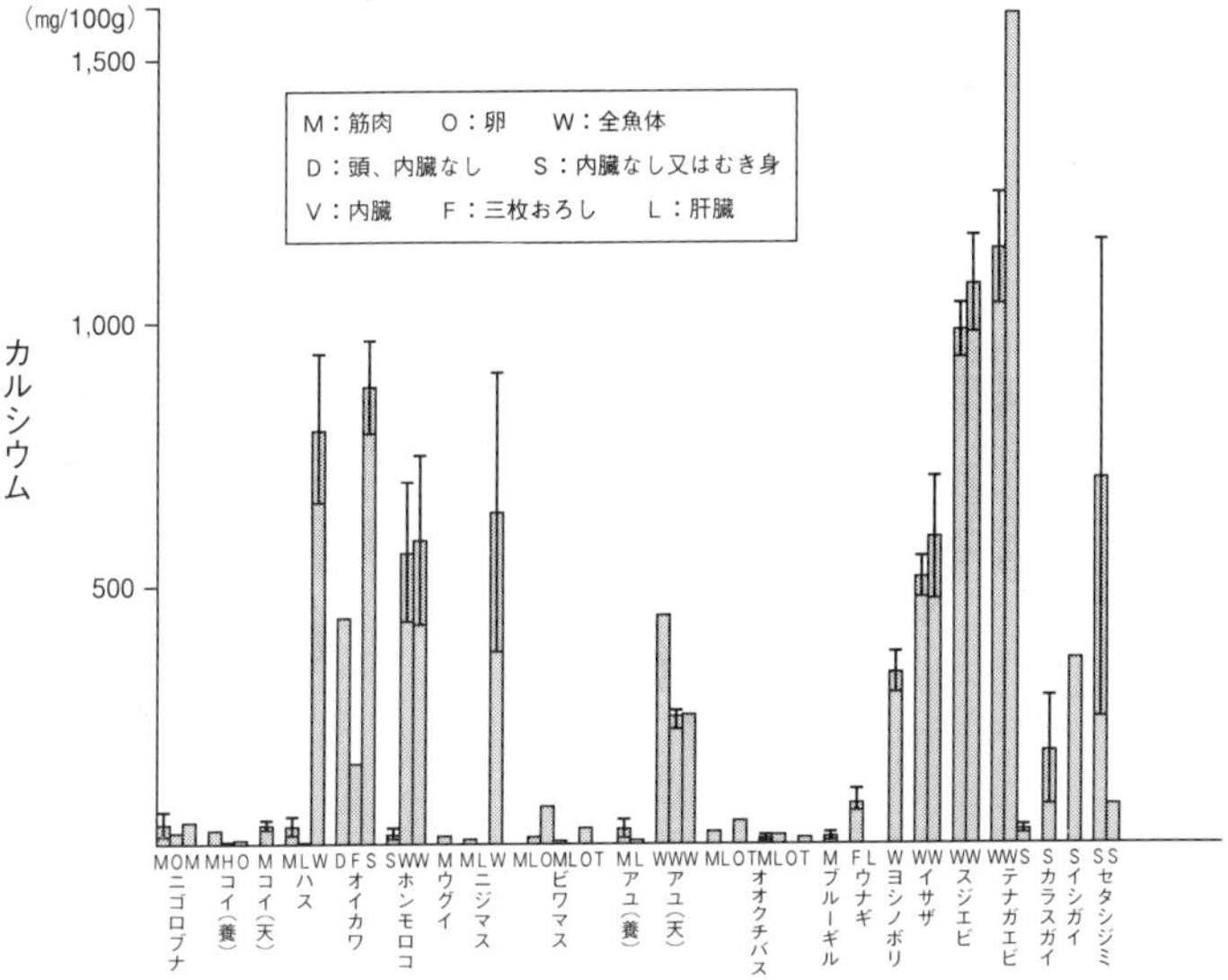

図５　カルシウム含有量

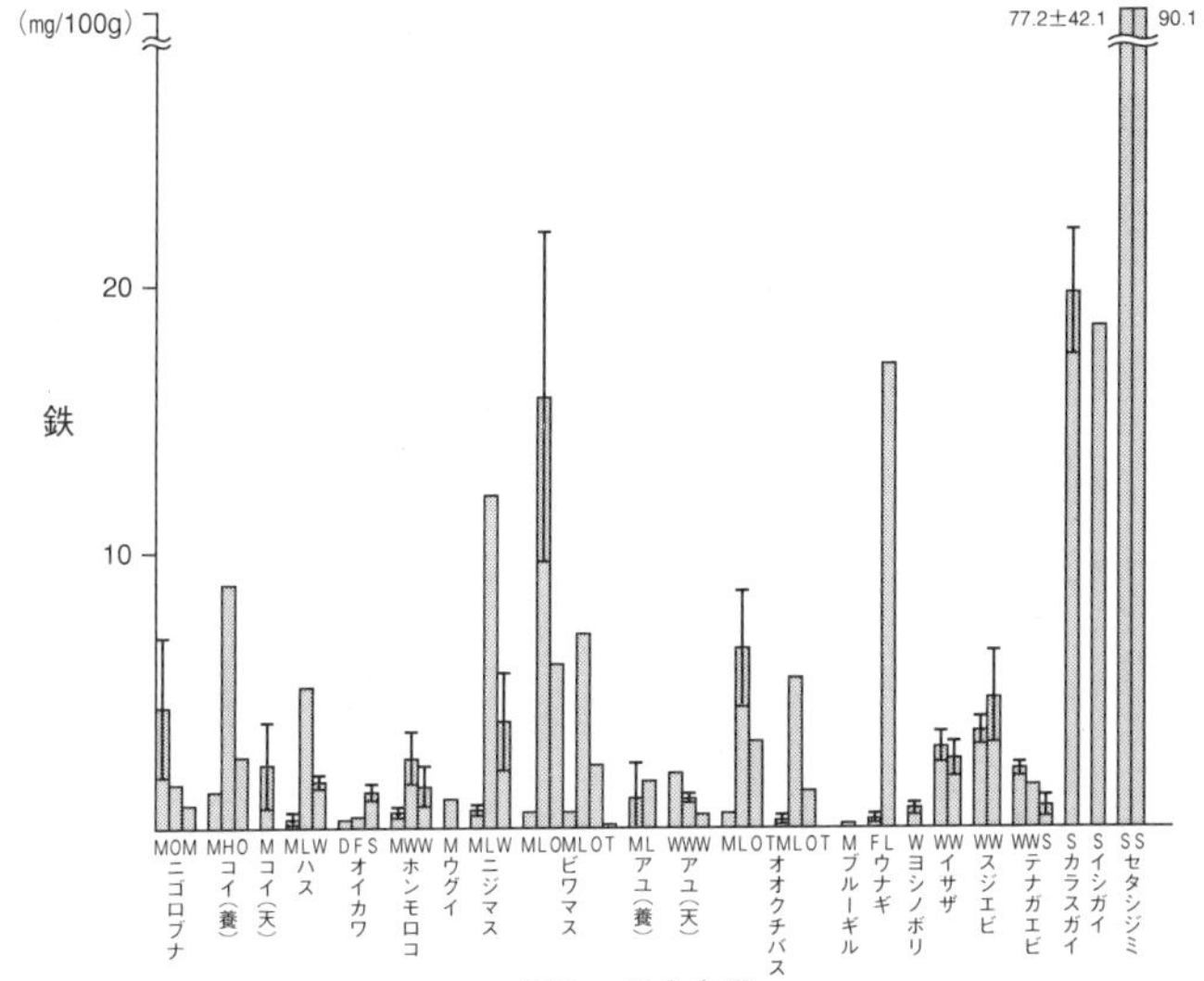

図６　鉄含有量

マンガンはエビ類と貝類で多いが、特にカラス貝とイシ貝に多く含まれている。マンガンは琵琶湖の底質や藻にも多いという報告があるが、なぜこれらの貝で極端に多いのかについてははっきりしない。マンガンは人体に必要な成分であるが、摂取しすぎてもよくないので、毎日これらの貝類を大量に食べ続けることは避けたい。銅は魚の肝臓に多く含まれているが、特にマス類の肝臓やエビ類の殻に多く含まれている。

脂溶性ビタミン含有量

脂溶性ビタミンのうち、ビタミンAは上皮や粘膜の成長、視機能に関する働きをするが、近年呼吸器系感染症を予防することでも注目されてきている。一般にビタミンAは野菜類のカロテンから摂取することが多いが、魚類の肝臓にも多く含まれている。琵琶湖産の魚貝類の中では、養殖アユとウナギの肝臓に特に多く含まれている。養殖アユの肝臓に多く含まれているのは養殖時の餌に添加されているためであろう。一日の所要量を満たすにはそれらをほんの約二グラムほどとればよいということになるが、養殖

ウナギの肝焼き

アユの肝臓はあまり食べないので、ビタミンＡの給源とはなりにくい。一方、ウナギの肝臓は肝《きも》吸いや肝焼きなどにして食べるので、これは非常によいビタミンＡの給源となる。ビタミンＡはウナギの筋肉にも多く含まれている。その他、全体を食するホンモロコやイサザ、小バスなどにも多く含まれている。

一方、ビタミンＥは抗酸化能を持ち、高度不飽和脂肪酸の過酸化を抑制する働きをするとされている。近年、過酸化脂質は生活習慣病や老化に関連する疾患に密接に関係していることも明らかにされてきている。従って、魚類など高度不飽和脂肪酸を多く含む食品を摂取した場合はビタミンＥを多くとる必要性がある。ビタミンＥの給源としては種実類や植物油などが主なものであるが、魚類の肝臓にも多く含まれている。特に、養殖アユにおいてはビタミンＡと同じ理由で肝臓に多く含まれている。その他、全体を食する小バス、ホンモロコ、小アユ、テナガエビなどでもその含有量が多い。

揮発性成分

一般に淡水魚貝類は生ぐさ臭が強く、それが淡水魚が嫌われる原因の一つにもなっているようである。しかし、淡水魚の活魚やいきのよいもののにおいは大変弱く、ほとんどにおいがしない。むしろ、アユなどは芳香を放つ。生ぐさいといわれるのは鮮度低下臭のためと推察される。新鮮な淡水魚類の主な揮発性成分は、エチルアセテート（酢酸エチル）、1–ペンテン–3–オール、ヘキサノールなどである。これらは、それぞれ甘いフルーティなにおい、強い青くさ臭（イワシ臭）、ケミカルなフルーティなにおいを持つ。

しかし、これらが鮮度低下した場合は、海産魚の主な鮮度低下臭であるトリメチルアミンは出てこないが、先の酢酸エチルや1–ペンテン–3–オールに加えて、エチルフォメート（ギ酸エチル）などの増加が認められる。これらの他に微量でもにおいの強い成分も関与していると考えられるが、イワシ臭のする1–ペンテン–3–オールの増加の関与は否めないであろう。とにかく、鮮度良好の状態での流通が大切で、そのためには低温による流通だけで

表1　フナずし製造過程における主な香気成分の変化（ppb）

	塩漬けニゴロブナ	フナずし
全香気成分	3090	34090
アルコール類		
エタノール	157	296
ヘキサノール	11	481
ブタノール	—	1758
酸類		
酢酸	56	907
酪酸（ブタン酸）	—	7654
カプロン酸（ヘキサン酸）	24	21172
エステル酸		
ヘキサン酸エチル	—	206

なく、容器の洗浄等が望まれる。

フナずしの栄養的価値とにおい

フナずしは珍味として有名であるが、粗灰分が約四・五％もあり、骨ごと食べられるのでカルシウムのよい給源になる。また、乳酸発酵による乳酸量も約一・一％と多く、生きた乳酸菌が摂取できる点も優れている。フナずしの味は食塩と発酵による酸類が主なもので、それにアミノ酸等のうま味が加わって形成されるものとされる。

フナずしは強いにおいを持っているが、主なにおい成分はカプロン酸、酪酸、酢酸などの酸類とブタノール、ヘキサノール、エタノールなどのアルコール類およびこれらのエステル類である。材料の吟味や塩切りの仕方も大切であるが、塩と飯の量のバランスがよく、気温や重石に注意して充分に乳酸発酵させると芳香が増す。

（小島）

なぜ魚油が注目されているのか？

食と健康という観点から現在の日本人の栄養摂取をみた場合、最も関心が寄せられるのは、脂質の摂取である。日本人の脂質摂取量は上昇し続けており、現在適正範囲の脂肪エネルギー比率（二〇～二五％）を越えてしまっている。それとともに生活習慣病が急増しており、特に循環器系疾患や大腸ガンの増加との関連が指摘されている。

脂質の摂取について、その量だけでなく、質が大きく取りあげられるようになったのは、一九七八年の疫学調査結果の発表以来である。この調査は、グリーンランドのエスキモー人とデンマーク人やスカンジナビア人との死因を比較し、エスキモー人で心筋梗塞が非常に少ないことを見いだした（図１）。そしてその原因の一つに、魚介類の摂取頻度《ひんど》が関係しているのではないかと示唆した。当時の日本においても、特に漁村で血栓性疾患の頻度が低いことが指摘され、魚介類の摂取が人に与える影響が研究されるようになった。

図1　グリーンランド住民の民族別慢性疾患罹患率の比較

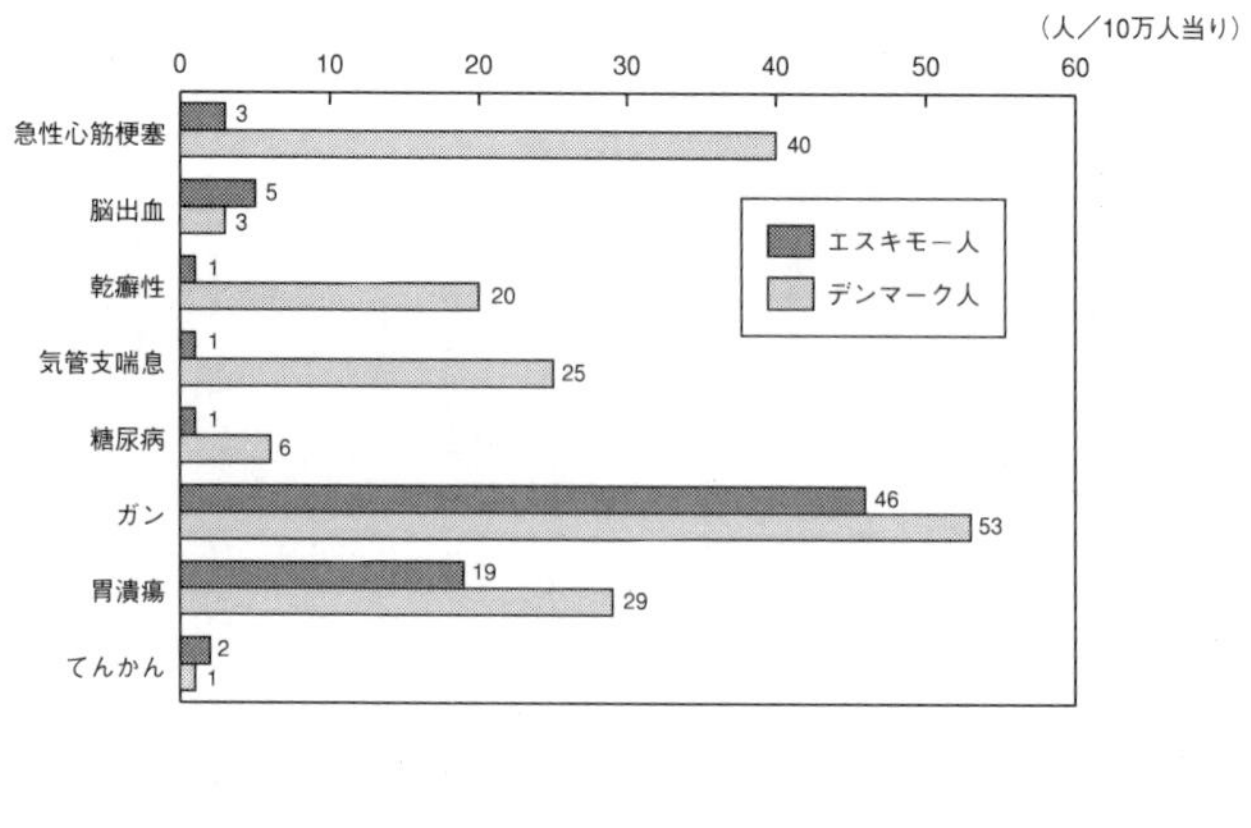

その結果、魚介類に含まれる脂質の種類が植物や動物の脂質とは大きく異なり（図2）、魚介類の脂質を適度に摂取することが人の健康につながることが明らかになってきた。具体的には、脂質の種類によって血清コレステロール濃度や血小板凝集作用、アレルギー反応をはじめ様々な生体の機能が調節され、影響を受けている。特に魚介類にはドコサヘキサエン酸（ＤＨＡ）やエイコサペンタエン酸（ＥＰＡ）などのヒトが体内で作り出せない、加えて他の食品にはほとんど含まれていない特異的な脂質が多く含まれており、これが生体の調節機構に大きな影響を及ぼしている。

さらに最近では、ＤＨＡやＥＰＡの網膜調整機能や脳の機能、がん、高血圧、糖尿病などの疾患への効果も報告され、これらの脂質はますます注目されるようになってきた。これまでに脂質摂取についての実際の食事中の脂質を分析して得た結果では、魚を意識して摂取しない限り、ＤＨＡやＥＰＡの摂取は難しいことがわかっている。だからといって、ある特定の栄養素を錠剤などにして薬のように体に取り入れる〝サプリメント〟を利用してこれらの脂質を体内に取り入れようという考えは好ましくない。脂質の摂取は量的な面からも十分考えなければならないし、ＤＨＡやＥＰＡも摂り過ぎによる弊害があるからである。現在、動物性脂質、植物性脂質、魚油を四：五：一の比率で摂取する食事が望ましいとされている。

ところで、ＤＨＡやＥＰＡのような魚介類に多く含まれる脂質は変化を起こしやすく、結果的に栄養価の低下だけでなく、臭いや色、味を中心とした品質の低下や、毒性の発現を招くことさえある。実際、保存による脂質の変化を調べた結果からは、生のままでの冷蔵保存は二日以内が限度であると判断されている。一方、焼く、煮るの調理によってはＤＨＡやＥＰＡはわずかに減少するがそれほど大きな変化ではないことがわかっている。ただし、加熱調理後の脂質は加熱前よりもさらに不安定であり、家庭での調理後の保存は最小限にすることが重要である。魚を干し魚などに加工すると、腐敗の面からの保存性は向上するが、脂質に関しては加工中から変化が

図2　食品中脂質の脂肪酸組成（%、ただし3%以下のものは「その他」とした。）

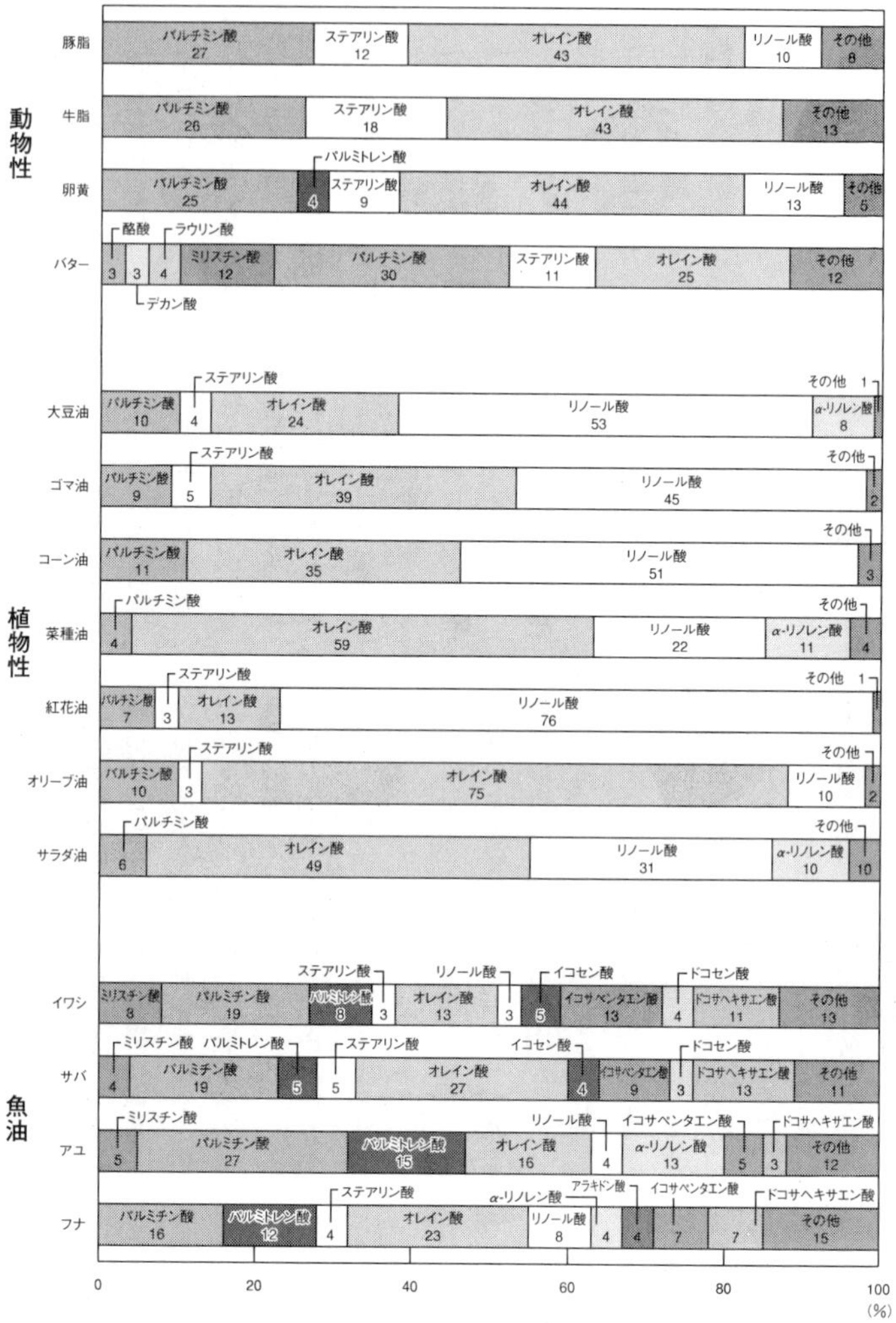
動物性
豚脂
パルチミン酸 27
ステアリン酸 12
オレイン酸 43
リノール酸 10
その他 8
牛脂
パルチミン酸 26
ステアリン酸 18
オレイン酸 43
その他 13
卵黄
パルチミン酸 25
パルミトレン酸 4
ステアリン酸 9
オレイン酸 44
リノール酸 13
その他 5
バター
酪酸 3
デカン酸 3
ラウリン酸 4
ミリスチン酸 12
パルチミン酸 30
ステアリン酸 11
オレイン酸 25
その他 12
植物性
大豆油
パルチミン酸 10
ステアリン酸 4
オレイン酸 24
リノール酸 53
α-リノレン酸 8
その他 1
ゴマ油
パルチミン酸 9
ステアリン酸 5
オレイン酸 39
リノール酸 45
その他 2
コーン油
パルチミン酸 11
オレイン酸 35
リノール酸 51
その他 3
菜種油
パルチミン酸 4
オレイン酸 59
リノール酸 22
α-リノレン酸 11
その他 4
紅花油
パルチミン酸 7
ステアリン酸 3
オレイン酸 13
リノール酸 76
その他 1
オリーブ油
パルチミン酸 10
ステアリン酸 3
オレイン酸 75
リノール酸 10
その他 2
サラダ油
パルチミン酸 6
オレイン酸 49
リノール酸 31
α-リノレン酸 10
その他 10
魚油
イワシ
ミリスチン酸 8
パルミチン酸 19
パルミトレン酸 8
ステアリン酸 3
オレイン酸 13
リノール酸 3
イコセン酸 5
イコサペンタエン酸 13
ドコセン酸 4
ドコサヘキサエン酸 11
その他 13
サバ
ミリスチン酸 4
パルミチン酸 19
パルミトレン酸 5
ステアリン酸 5
オレイン酸 27
イコセン酸 4
イコサペンタエン酸 9
ドコセン酸 3
ドコサヘキサエン酸 13
その他 11
アユ
ミリスチン酸 5
パルミチン酸 27
パルミトレン酸 15
オレイン酸 16
リノール酸 4
α-リノレン酸 13
イコサペンタエン酸 5
ドコサヘキサエン酸 3
その他 12
フナ
パルミチン酸 16
パルミトレン酸 12
ステアリン酸 4
オレイン酸 23
リノール酸 8
α-リノレン酸 4
アラキドン酸 4
イコサペンタエン酸 7
ドコサヘキサエン酸 7
その他 15
0
20
40
60
80
100
(%)

ゆっくりではあるが進み、加工後も変化する。

　しかし、燻製《くんせい》品や味醂干しのような調味液に浸漬後に乾燥した場合には、脂質の変化がかなり抑えられることや馴れずしへの加工においては脂質の変化がほとんど進まないことが明らかになっている。燻製品や味醂干しでは燻煙成分や調味液の繰り返し使用中に脂質の変化を抑える物質が蓄積されたためと考えられている。一方、馴れずしの場合には嫌気的な条件下であることが脂質変化を抑える主要な要因であると考えられるが、調製中に増殖あるいは生成する様々な微生物や生成物も脂質の変化を抑える働きをしていると思われる。

　健康に対する魚の効用は大きい。琵琶湖に住んでいる湖魚も、その健康への効果は十分に持っている。魚は生や調理後の保存性はあまりよくないが、馴れずしへの加工は魚の脂質をほとんど変化させることなく保存できるすぐれた方法である。今後とも、湖魚料理を中心とした豊かな琵琶湖の食文化を大切にしたいものである。


（久）

写真１　ハスのあらい

湖魚をおいしく食べる

湖魚の料理は、第二章で見てきたように湖魚の種類の多さに比例するようにたくさんの種類がある。調理手法別にみると、生もの、焼き物、煮物、揚げ物、和え物、蒸し物、汁物、ご飯物、佃煮、漬物等があり、あらゆる料理に使われている。

湖魚料理のおいしさの秘密は、取れたての鮮度のよさを生かす工夫、一時期に多量に取れたものをおいしく加工・保存する工夫、においを防ぎ、煮くずれを防ぐ工夫、米や豆や野菜との組み合わせの工夫に見ることができる。それらの工夫は、滋賀の人々が、湖の幸を無駄なくおいしく食べようと長年積み上げてきた知恵の結晶である。

あらいの科学

生食のおいしさの秘密は、取れたてのおいしさを食べることにある。鮮度の高い活魚は、生のままで刺身として食べられる習慣がある。淡水魚の中ではコイが代表的で古くから「さしみ」とし

写真２　ハスの雄（上）と雌（下）

て人々に好んで食べられてきている。ハスは生で食べられることは少ないが、生きているハスはコイと同じように生食される。写真1は、からし酢味噌が添えられた「ハスのあらい」である。淡白で臭みなど全くなく、清冽な味わいと触感が感じられる。ハスは雄と雌では体長に差があり、雄は大きく、雌の方が小さい（写真2）。生食には体長の小さい雌の方だけが利用される。魚体が小さいので鮮度が低下する速度も早いため、まな板にのせるとすばやく骨きりされて細切りにして造られる。これを冷たい水の中で洗う操作が加えられるが、この技術は大変高度なものである（写真3）。

魚は死後十数分から数時間の間に、筋肉が収縮して魚体が硬くなり、アデノシン三リン酸（ATP）の減少とともに死後硬直を起こすことが知られている。「あらい」にすると、身が収縮するのは、筋肉を構成している筋原繊維が変化することによるもので、生の筋肉の筋原繊維は明瞭で規則正しく配列しているが「あらい」にすると筋原繊維は湾曲し、部分的に広げられたり縮められたりして微細構造にも乱れが生じる。このような変化が起こる原因は、

写真３　身を冷たい水で洗う

魚肉を水中でかきまぜることにより、ＡＴＰが急速に流出し、筋原繊維を構成するアクチンとミオシンが結合したままになり筋肉が硬直することにある。さらに筋細胞内のカルシウム濃度を調節して筋肉を収縮させたり休息させたりしている筋小胞体の機能が急激に乱れるため、細胞内のカルシウム濃度が、急速に高まって筋肉の収縮が起こること、ＡＴＰ分解酵素の活性が高まり筋肉が収縮するなどいくつかの機構が考えられている。「あらい」は、この複雑な変化を台所で巧みに起こさせる調理法と言える。コイのあらいは、その卵をゆでてまぶしつける「子付け」にもする。

おいしく保存——馴れずしと佃煮

一度にたくさん取れた湖魚をおいしく保存する工夫が実った傑作が馴れずしと佃煮である。いずれも保存性と同時に、原材料にはない新しい優れた嗜好性を持った食物に変身している。馴れずしは、魚重量の五〇％ほどにもなる多量の食塩を用いて漬け込み保存した後、ご飯を用いて本漬にする。本漬は、塩蔵魚を、ご飯で漬け込むことにより、適度に塩抜きをし、乳酸発酵等によりおいしく骨まで軟らかくする工程である。馴れずしの出来上がりの良否は、この発酵管理にかかっていると言える。魚の大きさや気温によって発酵の進み方が違うことを考慮に入れて本漬けの日を決め、塩蔵魚を水洗いし、さらに丁度よい食塩濃度となるようにご飯量を加減して漬け込む。フナずしでは、魚体も大きく骨も固いフナを原料とするので、二カ月以上塩漬けした後、気温が高く発酵が起こりやすい土用に本漬けをしてお正月に口切をする。夏祭りやお盆のもてなし用に漬けるハスずしは、取れ時に塩蔵保存しておいた後、一週間くらいの本漬けで食べる。

佃煮、甘露煮類を上手に作るコツは、味加減はもちろんだが、淡水魚特有のにおいを防ぐことと、煮くずれさせず姿よく炊き上げることにある。においが苦手と敬遠される淡水魚も鮮度のよいものでは、魚臭は意外に少ない。アユのように香魚《こうぎょ》とも呼ばれて独特の香りを楽しむものもある。

においや煮くずれを防ぐ調理の工夫

しかし、一般に淡水魚は、魚体が小さく内臓ごと流通することが多いため、海水魚に比べて鮮度低下が速く起こり、魚臭の原因物質も速く生成する。新鮮なうちに料理することが、においを防ぐ点でも、煮くずれを防ぐ点でもとても大切である。佃煮のなかでも最も小さい魚を用いるゴリ煮では、捕れたゴリを生きているうちに加工する。ウロリともいうヨシノボリの稚魚ゴリは、大変軟らかく、鮮度が落ちやすく手早くしないと溶けてしまうからである。においを防ぐ工夫には、①サンショウ、土ショウガ、梅干をいれて炊く、②水の代わりに酒を用いて、または番茶の煮出し汁で炊くなどの方法がある。煮くずれを防ぐ工夫は、同時ににおいも防ぐことが多く、③新鮮なうちに調理することの他に、④調味料を沸騰させて魚を入れる、⑤魚を素焼きにしてから炊くなどの方法が取られる。また、⑥たっぷりの調味料で炊き鍋返しをしない、⑦水飴を用いる、⑧竹の皮や敷きざるを敷いて炊く等の方法は、煮くずれを防ぎ姿よく仕上げるのに効果的である。

揚げ物にしたり、一度下揚げして調理する方法は、においを消し、油脂味も加わって料理をおいしくする。天ぷら、フライ、かき揚げ、南蛮漬けなど、小さい魚では、丸ごとで、大きいものは、切り身で用いる。エビはかき揚げにする。

においを防いでおいしく食べる工夫には味噌を用いることもあり、多くの料理に味噌が用いられる。焼き物では、焼きモロコのどろ酢かけ、ハスの魚田、和え物では、イシガイとネギのぬた、シジミのぬたなどがある。フナ味噌は、湖北に伝わるつけ味噌である。フナを骨ごと味噌で煮込んであり、骨は箸で摘めばくずれるほど軟らかくなっていて、カルシウム豊富なおかずである。ウグイやマスでもつけ味噌を作る。汁物にする場合も味噌仕立てにする。コイこくは、コイの筒切りを薄い味噌汁で煮込む濃漿《こくしょう》汁の略。シジミ汁、コイのあら汁、ドジョウ汁も味噌汁で楽しむ。

濃いめの味に仕上げるじゅんじゅんも琵琶湖の魚貝類のおいしさを引き出し、においを抑えて食べる料理である。じゅんじゅんはすき焼き風の鍋物を言い、ナマズやイサザやウナギなどを野菜と炊き合わせる。もちろん、牛肉や鶏肉もじゅんじゅんにする。

他の食材との組み合わせでおいしく

他の食材と組み合わせることも琵琶湖の魚貝類をおいしく食べ

る工夫といえる。滋賀は米どころ、佃煮類においしい御飯は欠かせないが、アメノイオ御飯やシジミ飯も滋賀県ならではの御飯である。産卵のために雨で増水した川を遡るビワマスをアメノイオといい、昔は、一匹丸ごと米の上に乗せて炊き込み御飯にした。家庭で手軽に楽しむには、切り身にしたビワマスを一度調味料で煮て、米の上に野菜と共に乗せて炊き上げると、においも気にならずおいしく仕上る。

エビやイサザの季節を待って炊かれるエビ豆やイサザ豆やエビ大根などは、琵琶湖の魚貝類と豆や野菜との絶妙な出会いものと言える。

伝統的な調理法だけでなく、洋風、中国風の調理法で淡水魚をおいしく食べる工夫も楽しい。ブラックバスのヨーグルトソースかけ、ブルーギルの変わり揚げ、マリネ、チリソースなど新しい食べ方も提案されている。コイの丸揚げ甘酢あん、ビワマスのピラフ、イワナのムニエルなどのように、琵琶湖の魚を世界の定番料理で味わうのも楽しい。

（畑・榎）

▲瀬田川の投網

第五章　琵琶湖の漁業

▼姉川の四ツ手網

近江の川魚屋から見える琵琶湖

魚屋といえばタイやアジが並ぶお店を思い浮かべるが、滋賀県下ではそういった海産物をあつかう魚屋と琵琶湖の淡水魚専門の魚屋とは区別され、職業別電話帳でも「鮮魚店」と「鮮魚店（川魚）」と分けて記載されている。川魚屋は琵琶湖の魚貝類を扱うことから、大津、堅田、安曇川、今津、長浜、彦根、守山、草津など、琵琶湖に面した市街地の商店街やスーパーマーケットの専門店街などで営業されている。地域に密着した営業をされていることが多いので、地元の人に聞いてみたり、最近ではインターネットでも琵琶湖湖魚、佃煮、フナズシなどで検索するとすぐに見つけ出せる。

卸しや佃煮などの加工業を主にした商店もあるが、小売りのお客さん相手の店では、トロ箱に入ったアユやイサザ、ゲンゴロウブナ、スジエビなどその季節に水揚げされたばかりの湖魚が並び、グラムいくらで計り売りをしている。コイやフナ、アユ、スッポンなどを活かしておく水槽もあり、注文に応じてその場で刺身や

◀▲川魚屋の店頭に並んだ魚貝類。コアユ、ビワマス、ハス、シジミのむき身。左のコアユは捕り方が違うので、値段も異なる

洗いにもしてもらえる。一般に川魚は鮮度が落ちるのが早く、できるだけ生かした状態で流通・調理するのである。炭火の焼き台ではウナギやアユが脂をしたたらせ、子持ちコイの筒煮やアユ、ハス、ビワマスの塩焼き、氷魚《ひうお》の湯びき（釜あげ）、ゴリ、イサザ、モロコの佃煮、エビ豆などの加工品も多く並ぶ。自家製のフナずしやハスずし、ウグイずしなどの馴れずしを置く店も少なくない。

冬の店先をのぞくと、カモの種類がわかるように首の毛と翼を残して、体の羽をむしり取ったカモが売られていることがある。なぜ川魚屋でカモが売られているかと言えば、昔は漁師が琵琶湖でカモをとっていたからで、琵琶湖のカモ猟が禁漁になった今もなお、流通の習慣として内陸や県外産のものが川魚屋で扱われている。

このように川魚屋の店先では羽をむしられた鳥が並び、まな板の上では生きたウナギやコイがさばかれている。中には「かわいそう」と思う人もいるかもしれない。最近は便利さときれいさが求められ、鶏も魚も切り身のパックで売られていることが多くなってきている。しかし、食べるということは、どう飾ろうとも生

滋賀県の川魚屋（滋賀県水産加工業協同組合資料より、2003年４月現在）

① ㈲魚伊商店
② ㈱阪本屋
③ ㈲タニムメ水産
④ 魚重産業㈱
⑤ ㈲川梅商店
⑥ 谷福
⑦ (近)近江水産㈱
⑧ ㈲近定
⑨ ㈲大家
⑩ ㈲松田魚伊商店
⑪ ㈲松水商店
⑫ 大登
⑬ ㈲魚重食品
⑭ ㈲中村水産
⑮ 山本養魚場
⑯ やま重
⑰ ㈲魚清商店
⑱ ㈱野田屋
⑲ ㈱鮎家
⑳ 望月水産
㉑ ㈱瀬海商店
㉒ ㈲魚善
㉓ 魚常商店
㉔ 田井中水産
㉕ ㈲ヤマサ水産
㉖ ㈱奥村佃煮
㉗ 魚元淡水
㉘ ㈲井上水産
㉙ いかりや
㉚ 大中水産
㉛ 山甚水産
㉜ 魚幸
㉝ ㈲魚幸商店
㉞ ㈲魚梅商店
㉟ ㈱丸十
㊱ ㈱魚三
㊲ ㈲魚万商店
㊳ ㈱マルマン
㊴ 中外商店
㊵ 川端商店
㊶ 小松水産㈱
㊷ ㈲細川食品
㊸ カネマツ㈲
㊹ 木原食品㈲
㊺ 山喜食品㈲
㊻ (ト)松井網元商店
㊼ ㈱マルゴ
㊽ ㈲魚清商店
㊾ 石田食品㈱
㊿ ㈱五幸
51 ㈲辰巳屋商店
52 西友商店㈱
53 ㈲魚友
54 ㈲魚岩
55 総本家喜多品老舗
56 ㈱かみたや商店
57 ㈱永田平兵衛商店
58 吉本淡水
59 ㈲ダイコー食品
60 ㈲仌近江屋
61 ㈱鳥居政蔵商店
62 ㈲古源
63 ㈲今西商店
64 ㈲中弥
65 桝長商店
66 古太商店
67 ㈲マルワ
68 ㈲土肥太商店
69 米喜商店
70 徳田商店
71 ㈲魚治

注）この記載店以外にも川魚を取り扱っている店舗は多くあります。

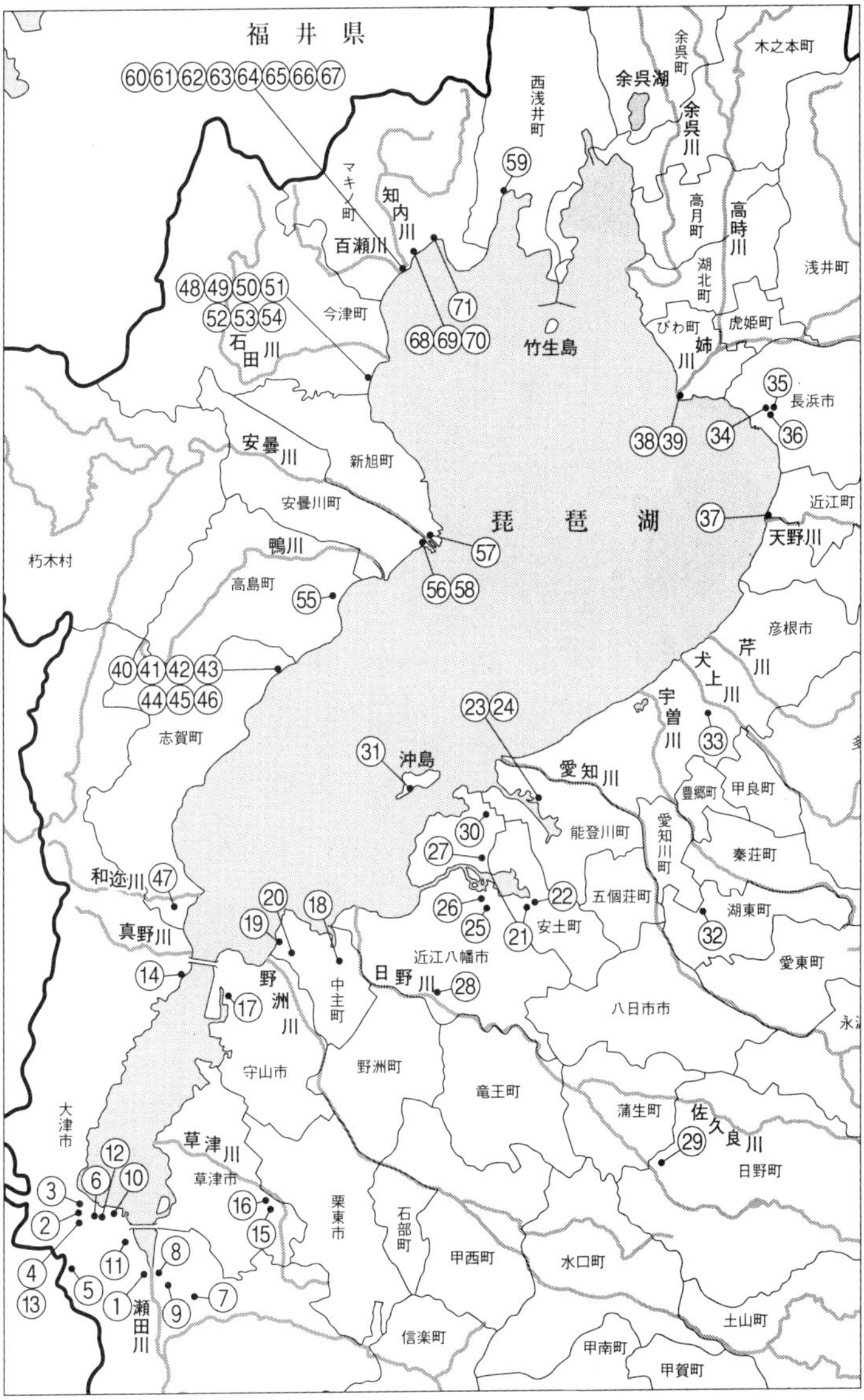
福井県
西浅井町
余呉町
余呉湖
余呉川
木之本町
マキノ町
知内川
百瀬川
高月町
高時川
湖北町
浅井町
今津町
石田川
竹生島
びわ町
虎姫町
姉川
長浜市
安曇川
新旭町
安曇川町
近江町
琵琶湖
天野川
鴨川
朽木村
高島町
彦根市
芹川
犬上川
宇曽川
志賀町
沖島
愛知川
豊郷町
甲良町
能登川町
愛知川町
秦荘町
和迩川
五個荘町
湖東町
安土町
真野川
近江八幡市
愛東町
中主町
日野川
野洲川
八日市市
守山市
野洲町
竜王町
蒲生町
佐久良川
大津市
草津川
草津市
栗東市
日野町
石部町
甲西町
水口町
瀬田川
信楽町
土山町
甲南町
甲賀町

物の命をいただくことである。毎日の買い物や食事の中にも「食べものの命」を感じ、食の大切さを考えることも必要ではないだろうか。

また、川魚屋は琵琶湖の入り口でもある。滋賀県に住む人たちは、琵琶湖の水を飲み、風景を眺め、また釣りなどのレジャーを通しその様子を感じることはできる。しかし、水中深くで何が起こっているかを見たり、感じたりするのはそう簡単にはいかない。だが、川魚屋の店先に並ぶコアユやビワマス、イサザ、ホンモロコ、スジエビなどの魚貝類を前にして、この魚は琵琶湖の中でどんな生活をしているのか、どうやって獲ったのか、漁獲量は増えているか、減っているかと思いをめぐらせることで、ふだんは見ることのできない水中の様子を垣間見ることができる。

このように川魚屋は魚貝類を売っているだけでなく、いろいろな情報や琵琶湖を考えるきっかけを提供してくれる。立ち寄ったときはお店の人に魚のことや料理の仕方など話しかけてみると、きっとふだんの仕事の中で感じられている琵琶湖の変化なども教えてもらえると思う。

多種多様な琵琶湖の魚貝類

琵琶湖には現在五七種類の魚類、四九種類の貝類をはじめ多種多様な生き物が生息しており、これほど多くの種類が見られる淡水湖は日本では他に見られない。これは琵琶湖はただ広いだけでなく、岩礁、砂浜、内湖、広大な沖合、深部に存在する冷水帯などさまざまな環境があり、それぞれの環境に適応した種が生息すること、四〇〇万年という湖としては非常に長い歴史の中で種が分化したり、古い時代に琵琶湖に入り現在に至った固有の種類が多くいることがあげられる。固有の種は魚類では一五種、貝類では三〇種といわれている。

人間の歴史が始まった頃から琵琶湖の魚貝類は食糧として利用されていたと考えられ、縄文の遺跡や貝塚からもゲンゴロウブナの骨やセタシジミの殻が多数出土している。現在も漁業の重要な対象種であるニゴロブナやゲンゴロウブナ、ホンモロコ、スゴモロコ、ビワマス、イサザ、セタシジミ、タテボシガイ、イケチョウガイなどはいずれも琵琶湖固有の種である。また、漁獲量のもっとも多いコアユも、海に下るアユとは異なる独特の生活史を琵琶湖の中で営んでいる。このように固有魚貝類の多くを漁業の対象とし、さかんに獲り、食べているのが琵琶湖漁業の特徴である。

固有種の多くが漁獲対象になった背景には、まとまって獲れることと、おいしいことが大きな理由と考えられる。ホンモロコやニゴロブナ、ビワマスはふだん琵琶湖の沖合いでくらしており、動力漁船が普及するまではこれらの魚を獲るのはひと苦労だったであろう。しかし、沖合いにすむ魚も産卵期になると大挙して沿岸部のヨシ帯に押し寄せ、また河川を遡ることから、その時には比較的たやすく、まとまった量の魚を獲ることができた。

味についても、固有種と近縁種の関係にあるニゴロブナとギンブナ、ホンモロコとタモロコ、イワトコナマズとマナマズなど、いろいろと魚を食べ較べてみると不思議とおいしい方が固有種であることが多いのだ。

追さで網漁

琵琶湖独特の漁具漁法

琵琶湖の漁法としてよく知られている魞《えり》、簗《やな》、そして瀬田川のシジミ漁については別項を設けて紹介している。ここではその他の漁具と漁法について解説する。

追さで網

追さで網は春先の岸辺に集まるアユを、竹の先にカラスの羽根を付けたオイボウを使い、交差させた二本の竹に張ったサデ網に追い込む漁法で、アユが黒い影におびえる性質をうまく利用した滋賀県独特の漁法で、オイサデ組、ハマオイ組という数人のグループで岸辺を移動しながら行われる。アユの群れを見つけると少し離れたところにアユをすくうウケテがサデ網を底に沈めて待つ。そこにオイボウを持ったオイコがアユの群れを散らさないように網の上に追い込み、アユが気づいて出ていくまでのタイミングでウケテはさっと網を持ち上げすくいとる。オイコとウケテの呼吸が合わないとうまく獲れない。

アユ沖すくい網

アユ沖すくい網

アユ沖すくい網も琵琶湖独特の漁法である。毎年六月頃になると琵琶湖のアユは水面近くでマキと呼ばれる高密度の群れになる性質がある。高いやぐらをつけた漁船からマキを見つけると全速力で突っ込み、船のへさきに取りつけた網を突きこむ勇壮な漁である。この漁法が始まったのは昭和の初期と比較的新しく、はじめはタモ網を手に持ってすくっていた。その後、鉄枠の網を人力でさし入れる方式に変わり、現在はゴム動力とレールをつかった自動式になっている。沖で獲られたアユは川で獲られたアユと違って腹に砂を食べていないので、佃煮などの加工用や鮮魚として主に利用されている。

アユを獲る漁法にはそのほかアユ小糸《こいと》網、四手《よつで》網、アユ沖曳《ちゅうびき》網などもあり、冬の魞漁から始まり、夏の沖すくい漁まで産卵期の禁漁を除いてほぼ周年、さまざまな漁法で獲られている。琵琶湖の全漁獲量の半分近くをアユが占め、琵琶湖の漁業はアユを中心に操業されているとも言える。

イサザなどを獲る沖曳網漁

沖曳《ちゅうびき》網

琵琶湖漁業の特徴の一つは、沿岸や河川で行われる魞や簗だけでなく、漁船を使った沖合のさまざまな漁業がさかんなことである。琵琶湖の漁船はへさきが細い独特の形をしている。これは、風が吹いて琵琶湖が荒れた時、波と波の間隔が狭いとんがった波が立つことから、波を切って進めるようにこういう形になっている。側面に「SG6-」という県の認識記号とそれにつづく番号が標示された船が登録された漁船である。

漁船漁業の代表的なものは沖曳網である。これは底曳網の一種であるが、船を走らせながら網を曳くのでなく、船を碇《いかり》で固定し、小型の地引網を船上に引き寄せて、沖合い数十メートルの深みにいるホンモロコ、イサザ、スジエビなどを獲る漁業である。また、網の種類や漁場を変えて、アユやゴリを獲ることもある。

刺網《さしあみ》（小糸網）

刺網は細い糸でできた網を水中にカーテンのように張って、魚をからめとる漁法である。琵琶湖では小糸網とよばれ、さまざまな魚が漁獲の対象となっている。ねらう魚や仕掛ける場所によって網目の大きさや網丈、色、オモリやウキの加減などを変える必要があるため、魚の種類と仕掛け方の違いの数だけ、さまざまな種類の刺網が存在する。琵琶湖ではニゴロブナを獲るイオ小糸、ビワマスを獲る網丈が数メートル以上もあるマス長小糸、アユ小糸、モロコ小糸などが主なもので、その他、ゲンゴロウブナ、ハス、イワトコナマズ、ワタカ、コイなども刺網の対象となる。

貝曳網《かいびき》

鉄製の枠に網の袋をつけたものを船で引っ張り、湖底の砂や泥に潜っているセタシジミ、ドブガイ、タテボシガイなどの二枚貝を獲る貝曳網とよばれる漁法も漁船漁業のひとつである。

エビタツベ漁・延縄《はえなわ》漁

漁船を使った漁業にはその他、エビタツベと呼ばれる小さなカゴをたくさんつなげてスジエビやテナガエビを獲るエビタツベ

エビタツベ漁

漁、一本の長いロープに枝針をつけ、ウナギやナマズを獲る延縄漁がある。

一般に漁具漁法というものは、生きものの習性や地形を巧みに利用し、効率よくとる方法として試行錯誤により発達してきた。琵琶湖でこれほど多様な独特の漁具漁法が発達したのは、変化に富んだ湖岸と広大な沖合があり、しかも固有種という独特の生態を持つ魚貝類を漁獲の対象としてきたからであろう。そして今も漁業者の工夫や素材の進歩により、琵琶湖の漁具や漁法は進化し続けている。

四季の漁業と旬の湖魚

魚の固有種の多くは沖合をふだんの生活の場としているが、季節とともに産卵や生育のためにヨシ帯、内湖、岩場、流入河川などの沿岸部と沖合を行き来している。このような季節ごとの魚の移動や成長にあわせ、一年を通してさまざまな漁業が行われている。まとまってとれる時期、卵のおいしい時期、脂ののった時期の湖魚を人々は積極的に利用し、琵琶湖周辺の肥沃な土地と豊か

簗（滋賀県立琵琶湖博物館 提供）

な水を利用してつくられる米や豆などの農作物と組み合わせることで馴れずしやエビ豆などの滋賀県独特の湖魚食文化をつくりあげてきた。

春から初夏

沿岸の内湖やヨシ帯へ産卵にくるコイ、フナ類やホンモロコをねらって小糸網やタツベ、モンドリが行われる。子持ちのフナやコイは、子まぶしや筒煮のように卵を生かした料理にしたり、フナずしの材料にも珍重される。アユも琵琶湖から川の上流を目指して遡上をはじめ、ウグイやニゴイ、少し遅れてハスが産卵のため川に集まってくる。川をのぼる魚の性質を利用した簗《やな》や四手網が操業され、ウグイやハスが川魚屋の店先をにぎわせる。大量に取れたウグイやハスは塩切りにしておき、暑くなってから馴《な》れずしにする。最近はフナも高価になったので、ウグイなどの馴れずしをかわりに漬けるという話をよく聞く。

テナガエビの天ぷら

初夏から夏

湖面にマキというアユの群がさざなみのように見え出すと、沖すくい網が始まる。獲れるのは一〇センチ程度のコアユであるが、夏の豊富な餌を食べてよく太っている。佃煮や天ぷらに最適で、冬の氷魚とならぶアユのもうひとつの旬である。

ゴリと呼ばれるヨシノボリの稚魚は生まれてから二〜三センチの大きさに成長するまでは、水深数メートルの沿岸に集まる性質があり、ゴリ曳網で獲られている。ゴリの稚魚をウロリと呼び、佃煮や塩ゆでにして食べる。体がやわらかく、鮮度が落ちると溶けてしまうので、獲れたらすぐに料理しないといけない。

北湖の冷水層を回遊するビワマスはマス長小糸網という刺網でこの時期によく獲られる。秋の産卵をひかえて脂がのったビワマスは、刺身や塩焼きがたいへん美味である。夏も終わりに近づくとメスの筋子が除々に大きくなり、醤油漬けなどにもできる。

延縄や竹筒で獲られるウナギ、エビタツベで獲られるテナガエビも夏の旬の湖魚である。

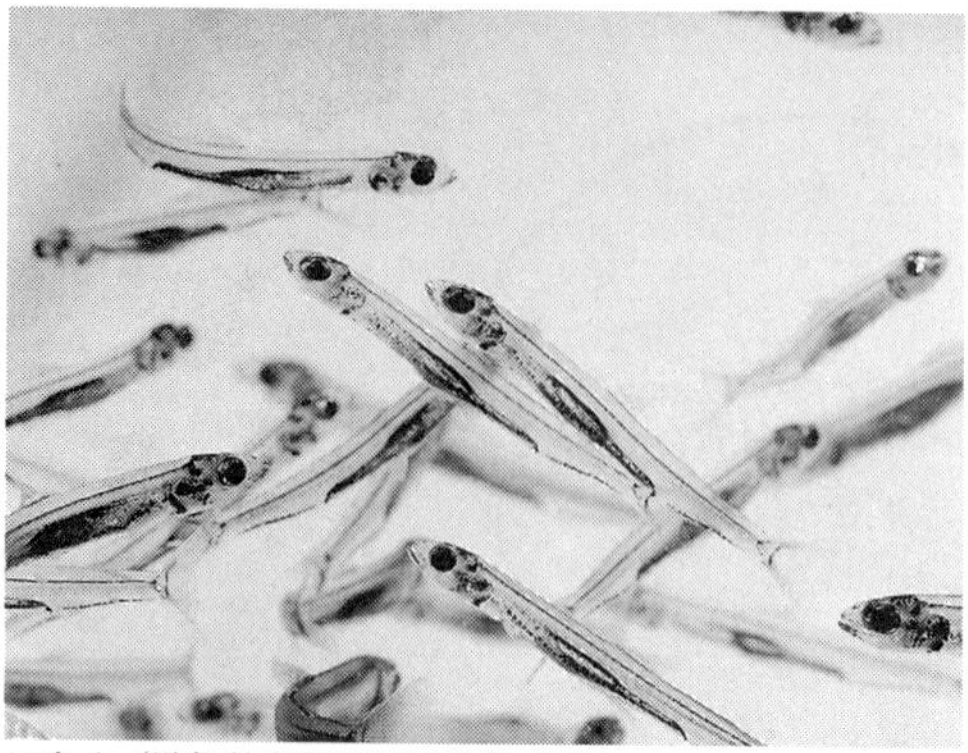
ヒウオ（滋賀県立琵琶湖博物館 提供）

夏から晩秋

夏の終わるころから，秋に産卵するアユやビワマスが河川に集まってくる。以前には産卵にやってきたビワマスをアメノウオ御飯にしたり、子持ちのアユの煮干を使った伝統食が作られていたが、今は産卵期のビワマスやアユは資源を守るために禁漁となっている。

一方、他の魚は水温の低下とともに琵琶湖の深みへと移動していき、沖曳網でホンモロコ、イサザ、ハス、スジエビなどが獲れだす。ハゼの仲間であるイサザは佃煮やイサザ豆、じゅんじゅんという滋賀県独特の湖魚のすき焼きにする。十一月下旬にはその年の秋に生まれた稚アユをとる魞が解禁となる。この頃の稚アユは体が細長く、透きとおっていることから、氷の魚と書いてヒウオと呼ぶ。生かしたまま養殖用の種苗として扱われているが、これを塩ゆでした氷魚の釜あげというぜいたくな食べ方がある。

晩秋から春

冬の湖は荒れる日が多くなり出漁できないことも多くなるが、漁師たちは経験で魚が集まる場所を知り沖曳網、小糸網を行う。また、セタシジミは水の冷たい冬から産卵前の春にかけて、味も良くなることから貝曳網がさかんに行われる。

冬の沖合で獲れる子持ちのホンモロコは骨も柔らかく、特においしい。炭火で素焼きにして、ショウガ醤油や酢味噌で頭から丸ごと食べる。春が近づくにつれ、深みにひそんでいた魚群も移動をはじめ、それを追いかけるように漁場も岸部へ移動していく。

このように四季をとおして琵琶湖の歴史と環境から生まれた固有の魚貝類が、多様な漁法を産みだし、独特の食文化を通して人と琵琶湖をつなげている。

（桑）

漁の想い出と網引き歌

（高島町　中村きくさん　一九九二年聞き取り）

私は一七歳で嫁ぎました。嫁いだ頃は、髪をキリッとくくった子娘でした。若くても仕事に追いまわされて、やつす（化粧する）こともできひんかったです。うれしいことは少なく、苦労のほうが多かったです。忙しすぎて夫婦げんかなどをしている暇もおへんかったです。

だいたい夫婦で漁に出かけました。今の舟はポンポンと簡単に進みますけど、昔は手で漕がんならんかったんです。舵《かじ》取りする人と真ん中で漕ぐ人と二人で舟を進めていきます。その頃、獲る魚はフナが多かったです。子持ちのフナは売りに出し、雄ブナは家で食べました。雨が降ると魚がようけ来ましたので、沖の方から岸の方へ追いこんで獲りました。

漁には夜が明ける前に出かけます。夜が明けると天気が変わってしまうことがあるからですが、漁に出てから荒れることもようありました。何べん死に損なったかわかりません。湖が荒れると、舟は木の葉のように激しく波に巻き込まれてしまいます。舟が波の上に乗ったと思った次の瞬間、その波の頂上からドサッと突き落とされます。すると周りは水ばっかりです。どこ見ても水柱です。そうこうしているうちに今度は突然、波の頂上に突き上げられます。そうなると視界が開けて、遠くの山も目に入ってきます。そしてまた、水の谷底につき落とされます。それの繰り返しで、生きた心地がしませんでした。

網を湖《うみ》に入れている日は、荒れていても網あげんことには元も子もなくなりますので、出かけました。後ろで主人が舵取りをするのです。舵の取りようで、沈んだり浮いたりするんですが、主人は舵取りが上手でした。私は舟を必死で櫓《ろ》を漕いで舟を進めます。でもひどい波だと舟にどうしても水が入ってきてしまいます。それで沈まないように、必死で舟から水をかき出さなければなりません。そんな時はもう死にものぐるいでした。

アユを取る時は、網引き歌を歌いました。昔はようけ知ってたんやけど、もうだいぶ忘れてしまいました。おまえ百まで～　わしゃ九十九までなあ～　ともに白髪の～　はえるまでなあ～

（堀）

守山の魞《えり》漁

魞漁は、琵琶湖一帯の湖岸で行われる独特の漁法で、傘状の大掛かりな定置性の漁具を用いる。縄文時代末期から古墳時代にかけて、東南アジアから中国・朝鮮を経て、近江に伝わったようである。最盛期には、琵琶湖に数百という魞が建てられていたが、現在は約一四〇カ所と少なくなった。

魞といえば、守山市木浜《このはま》は「魞の親郷《おやごう》」と呼ばれていた。他所に比べると魞の数はとりわけ多く、規模も特別に大きく、対岸の大津市堅田《かたた》に届きそうなものもあった。そのため、腕の良い魞師たちが大勢おり、中には棟梁と呼ばれ、竹割りや簀《す》編み、魞建て作業をする十数名の仲間を抱えて琵琶湖中の魞建てを請け負う人たちもいた。琵琶湖のくびれの部分に当たるこの地域は、北湖から南湖への魚の通路となり、さらに、魞を建てるのに適した浅い湖底が広々と展開している。

魞は、割り竹をシュロ縄やワラ縄で編んだ簀と、それを支える竹の杭から作られていた。簀の間隔により二種類に分けられ、間隔が広い荒目魞ではフナやコイ、ナマズが、一方、狭い細目魞では、コアユが主であるが、モロコやエビ、ハイ、イサザなどが捕れる。現在は、魞の九九％は細目魞である。簀と竹の杭で魞を作っていた頃は、二月頃に魞を建て七月末頃まで漁をしてその後は壊したため、魞は春から夏の琵琶湖の風物詩として親しまれていた。その後、氷魚《ひうお》も対象になると、魞建ての時期は十～十一月と早くなった。竹では水深七メートルぐらいしか対応できず、さらに、二～三年で脆《もろ》くなり使用できない。竹の杭に代わって登場したのがＦＲＰ（繊維強化プラスチック）製品で、多少高価であるが深い所でも長さは自由に調整でき、耐久性にも優れて扱いやすい。

また、簀も塩化ビニール製の管と化学繊維の紐に代わり、その後、二十年ぐらい前からほとんど網になった。網の目の大きさは、捕獲する魚の種類によって異なる。網は、漁期の十一月二十一日～八月十日が終ればあげられる。

取り扱いやすいＦＲＰ製品の杭や網が使用されると、それにともなって魞の構造は単純化し、木浜には魞建ての依頼がなくな

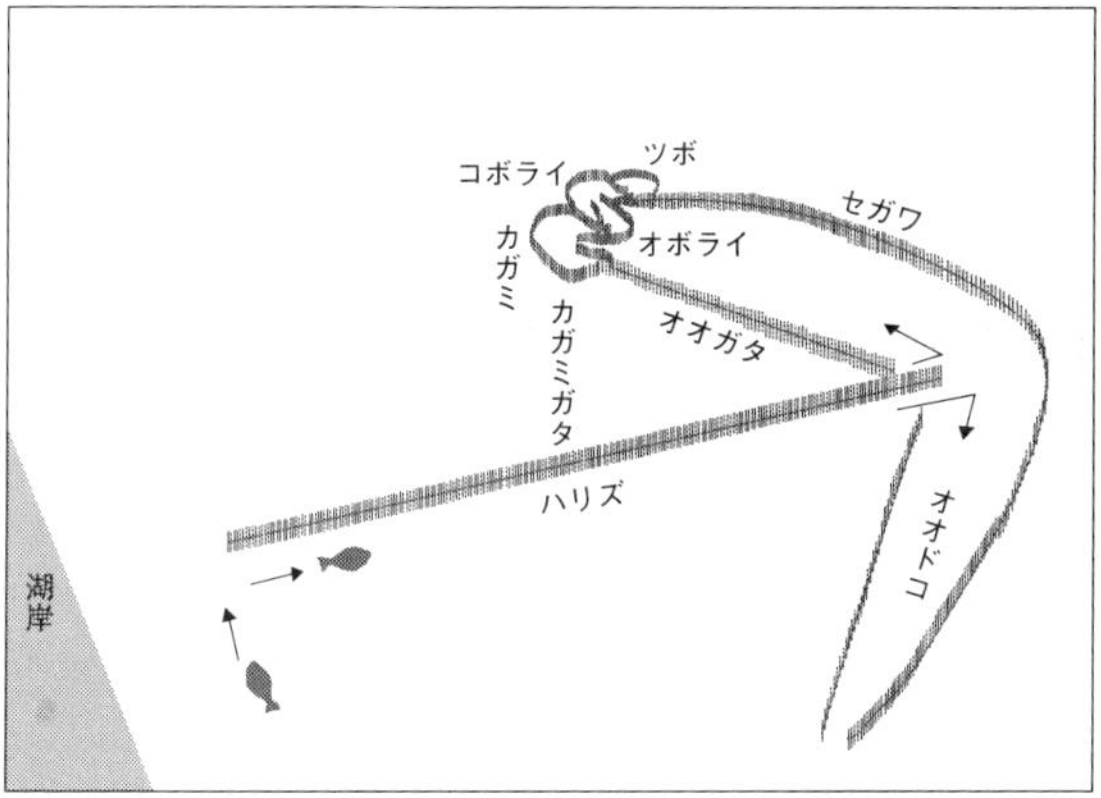

図1　魞の構造
（滋賀県立琵琶湖文化館発行『琵琶湖の魚と漁具・漁法』掲載の図を基に作図）

った。これまでの複雑なカガミやオボライ、コボライなどは姿を消し（図1）、ハリズからオオガタに添って来た魚がすぐにツボへ誘導される様式になった。ツボの位置は、深い方へと逃げる魚の習性を利用して、セガワより沖の方に設けられるので、魞の形は大きく変化した。

ツボの網に集まった魚を捕るには、大きな船（本船という）のほかツボに入る小さな舟も必要である。本船には、塩水を貯める大きな水槽と塩、酸素ボンベが積まれている。塩は魚の傷を消毒したり、生きたまま魚を輸送するのに欠かせない。小さな舟では、数人の人たちが力を合わせて網を杭に掛けながら徐々に手繰り、魚を一カ所に集めてすくいとる。網でなく簀のときには、タモ網に一メートルごとに印を刻んだ竹竿を付けて、浅い所から順次印に合わせて深い所まですくいとっていた。以前の複雑な魞では、魚がカガミやオボライなどでうろうろしツボまで達するのに三日ほどかかったので、一度に捕れる量は分散された。しかし、現在の単純な魞では、ツボに入る魚が一網打尽になるので捕れだすと量が多く大変なことになる。

琵琶湖中に設けられた現在の魞

魞を建てようと思えば、五十年ぐらい前に改定された漁業法に基づき、漁業協同組合が魞の漁業権を県に申請する。魞は、個人ではなく組合員の漁師数名で運営される。魞の位置は、寒い時期のアユを捕る場合は、沖出しといわれる岸から遠く離れた場所を選ぶが、守山では四〜六月頃のアユを主とするため岸に近い浅い所になる。位置が決まれば、ツボに魚がうまく誘導されるように、風と水の流れを考慮して魞を建てる。水の流れは、地形的に見てハリズに対して垂直が良い。一番難しいのは、ツボにたくさんの水が入り、入った量と同じだけ出て行くように工夫することである。ツボが汚れて水の流れが悪いと、魚はツボから出て行ってしまう。そのほか、風向きや流速も、漁獲量を大きく左右する。

魞の構造が単純になり構築しやすくなったが、新しく魞を建てるには、大きさにもよるが数千万円はかかるようである。そのため、これに見合う漁獲高が得られないと琵琶湖から魞は姿を消すことになる。魞を守っていくには資本と体力が必要である。

魞を取り合うほどに魞漁が隆盛したのは、アユの養殖が盛んになり、琵琶湖の魞のアユを全国各地の河川放流種苗として多量に利用し始めた昭和四十～五十年代の頃である。

しかし、現在は、アユの価格の低下に加え、守山や草津ではツボに入る魚の大部分がブルーギルやブラックバスの外来魚に変わったため、急速に衰退した。木浜には魞が八カ所あるが、二～三年ほど前から一つの魞を一人で十分に仕切れるほどである。

このままの状態が続けば、琵琶湖からアユやコイ、フナなどが絶滅の危機を迎える。生活を脅《おびや》かされた漁師たちは、外来魚を撲滅するために、盛んに外来種を捕獲したり、繁殖を助長する水草や藻を刈るなど必死に努力している。

（串）

安曇《あど》川・姉《あね》川の簗《やな》漁

琵琶湖では古くからさまざまな漁法が発達し、継承されてきた。そのような伝統的な漁法には、魚が来るのを待ってとる「待ちの漁法」が多い。積極的に魚を追いこんで獲るのではなく、魚を待ちうけて獲ったり、川を上下する魚を仕掛けに誘導して獲ったり

安曇川に設けられた簗

する。そのためにこれらの漁法では、それぞれの魚の習性をよく知って利用し、仕掛ける場所や漁具に工夫をこらしてきた。そして、漁具には、自然の竹や簀《す》を使ってきた。琵琶湖という限られた環境の中で、これら自然の資源（魚や竹の簀など）をうまく循環させて、持続する漁業を行ってきたわけである。

このような待ちの漁法の一つに、簗漁がある。魞漁が長期設置するのに対して、目的の魚が群れをなして移動する季節に、川に木や竹を並べて魚の通路をせき止める大型の設置型のわなを仕掛けるものである。上流から下る魚を獲るものを「下《くだ》り簗」といい、簗場は上流の方に設けるが、川を上る魚を獲る「上《のぼ》り簗」の場合は下流の方に設ける。現在見られるものはほとんどが上り簗である。その上り簗にもいろいろな方法があり、今でも行われているものに、「かっとり簗」、「四ツ手簗」、「行灯《あんどん》簗」、「網簗」などがある。

琵琶湖に注ぐ多くの川では古くから簗が設けられ、アユやハス、マス、ウグイ、イサザなどが獲られてきた。現在では、湖西の安曇川と湖北の姉川のものが有名である。以前は野洲《やす》川にも大きな

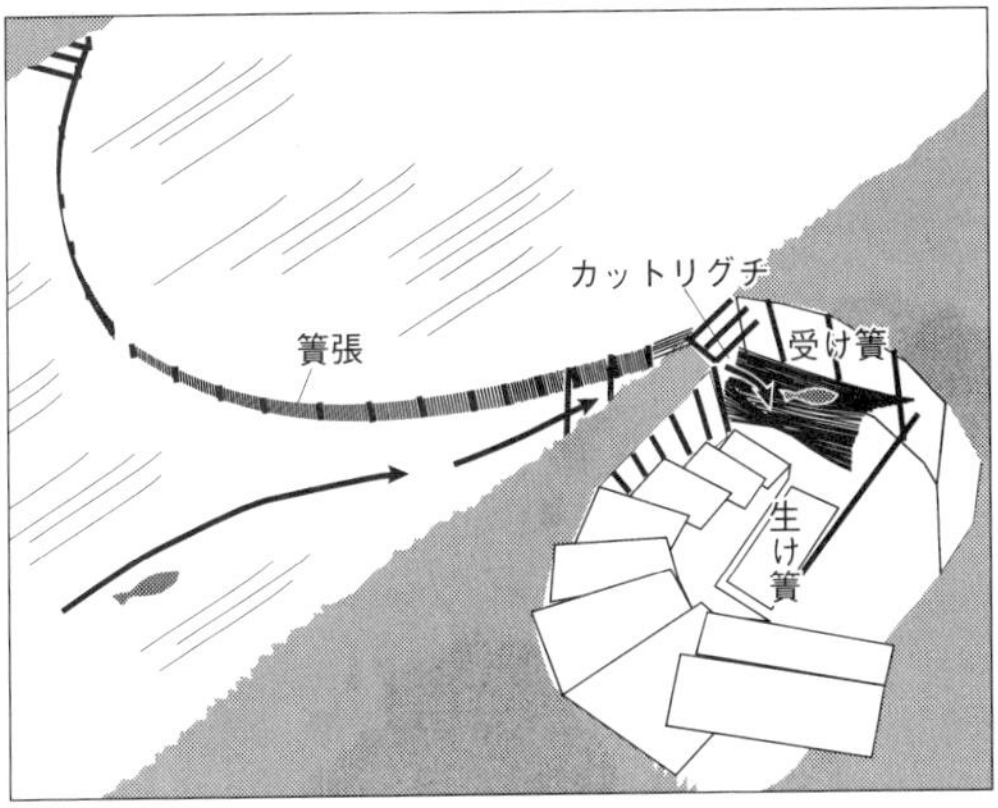

かっとり簗の構造
（小学館発行『日本民俗文化体系13　技術と民俗（上）』掲載の図を基に作図）

簗があり、アユが最高で一日に四〇〇〇貫（約一五トン）とれたことがあったという。たいへん賑わっていた簗場だが、昭和四十三年（一九六八）に野洲川の河川改修工事が始まったため、行われなくなった。

安曇川南流、河口から数百メートルさかのぼった安曇川町北船《きたふな》木《き》には県内最大規模のかっとり簗がある。ここは、白河天皇の時代から京都上賀茂《かみがも》神社の供え物を納める漁師の簗場で、明治十二年（一八七九）ごろに始まったとされている。明治二十四年頃にはその技術がマキノ町の知内《ちない》川、今津町の石田川にも伝わった。

かっとり簗の作り方は、まず川を横切って扇《おうぎ》状に杭を打っていき、土俵を置いて簀を張って流れをせき止める。そして、上・下流にいくらか落差ができるように、また、川の中央部が最も高く、両岸に行くほど低くなるようにして、両岸からの川の流れが最も多くなるようにする。これは魚が流れの多い方へ向かってさかのぼるという習性を利用するためで、琵琶湖から上ってきたアユやハス、マスなどが、流れのある左右いずれかの岸ぞいを上っていくようにして、一度入ったら出られない「かっとり口」へ誘い込

簗の端で待機する四ツ手網

むのである。魚はここに落ち込むと出られず、たも網ですくいとられる。三～七月にかけてはアユを、春はウグイ、夏にはハスを獲ることができる。

かっとり簗は、一度設置すれば放っておいてもよいかというとそうではない。かっとり口の上流からの水流が弱すぎると魚が落ちないので、天候や川の水量をみての調節が常に必要である。

一方、湖北の姉川河口（びわ町南浜）には、二カ所に簗場がある。上に設置されているのが「行灯簗」、下が「四ツ手簗」である。

この四ツ手簗は、簗と四ツ手網漁を組み合わせたもので、姉川独自の特殊な漁法として有名である。簗自体は安曇川のかっとり梁などより簡略に作られているが、ここで一カ所に集めた魚を、川底に沈めておいた四ツ手網という一枚網で船上からすくいとる。この網の一辺の長さは三・五～三・八メートルで、方形の四方には十文字に交差した真竹を弓状に組んであり、「四ツ持ち」とも呼ばれている。四ツ手組に加入している漁業者が、船を下流に向けてとめ、網を船の横に入れて行い、とれた魚をドンベエと呼ばれる竹製の魚籠《びく》へ入れる。

姉川に設けられた行灯簗

行灯簗は、四ツ手簗で使用されている四ツ手網を、「アンドン（行灯）」という漁具におきかえたものである。アンドンを水中に沈め、この中にアユを誘導し引き上げて獲る。この方形の網かごが行灯や提灯《ちょうちん》に似ているので、「提灯簗」とも呼ばれる。

姉川でのアユの漁期は三月一日から八月二十日で、以降は禁漁になる。最盛期にはアユは約二トンの水揚げがあり、四ツ手簗の方が行灯簗より下流に設置されているためか、水揚げが多い。

これまで見てきたように、簗漁は効率的な漁法であるが、流水量との関係から不安定な要素も持っている。気象条件に左右され、雨の少ない年にはアユの遡上も少なくなることから、副業的な位置付けになっている。その上、漁業従事者の高齢化が進み、後継者問題もある。そして、簗漁のような「待ちの漁法」から、近年は機能の向上した動力船や漁具を使う「攻めの漁法」へと変化し、琵琶湖の周辺地域を含めた自然破壊や環境汚染問題とともに、魚をはじめとする資源の減少という大きな問題も生じている。しかし、今後の漁業や水、環境問題を考える上で、琵琶湖で継承されてきた漁法が「持続型」であったということをヒントとし、無尽蔵にあるのではない、限りある資源をいかに活用していくかということを考えていきたいものである。

（坂）

瀬田川のシジミ漁

瀬田蜆《しじみ》　藤の花咲きしかばうまからん　十七星

瀬田川唐橋《からはし》のたもと中之島に建つ碑に刻まれた句である。セタシジミの旬はフジの花が咲くころと詠まれている。そのうまみコハク酸は貝類のなかで一番多く、ハマグリの三倍もある。昔から肝臓や黄疸《おうだん》に効くといわれ肝機能を助け、左党にとってシジミ汁は活力の源である。また、シジミ汁やシジミ飯は琵琶湖に育まれ、根づいた湖国の伝統の味である。

石山貝塚は、石山寺の山門近くの駐車場付近一帯に今も眠っている。数年前までは、上の写真のようにレストラン横にその貝塚の断面を見ることができた。縄文時代早期（六〇〇〇〜八〇〇〇年前）に食べたセタシジミの貝殻を捨てた跡である。戦前に発掘されたが、戦後の昭和二十五年（一九五〇）になって再び調査されている。

瀬田川で行われるシジミ漁

貝塚

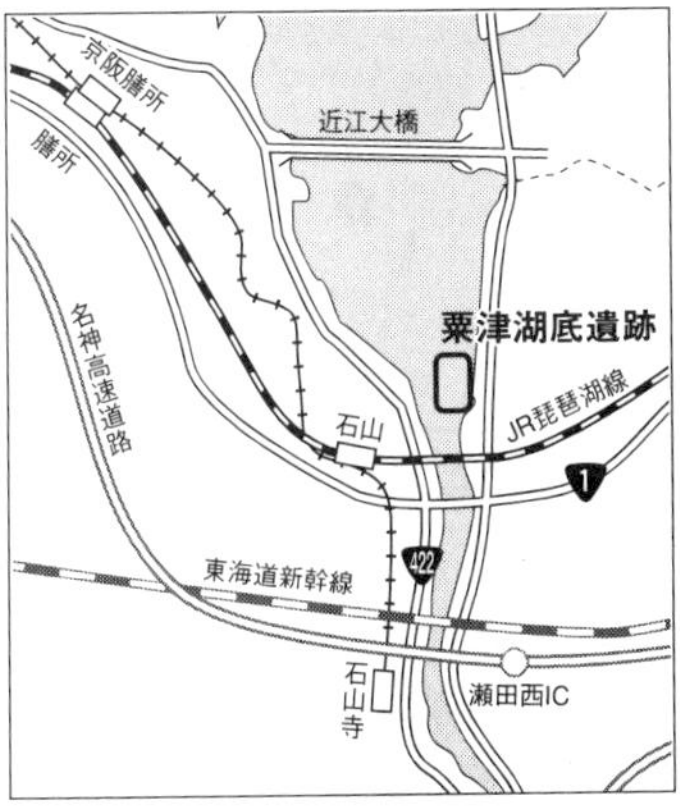

粟津《あわづ》湖底遺跡は、琵琶湖と瀬田川の境界を示す標識が建つ沖合いの湖底に縄文早期と縄文中期から後期に分けられる遺跡である。琵琶湖総合開発にともなう船舶の航路確保に先立って発掘が行われた。この遺跡でもセタシジミが九〇％以上占めていた。そのセタシジミは平均サイズが三センチにもなって現在のものと比べて全体的に大きく、一センチ以下のものはない。中には四センチもあるハマグリかと思わせるようなものが数多く含まれていた。現在セタシジミを貝曳きで採る網の目は一・五センチである。それ以下のものは採ることができない。一・五センチ以上のものはすべて捕獲されるが、せいぜい二センチくらいが大きいほうである。成長が一年で五ミリあまりであることを考えると、縄文人は七〜八年経た大きいものを捕獲して稚貝を保護していたと思われる。膨大な貝殻をみても縄文人が自然の生態の中にあって、その一員として豊かな恵みを享受できた証しである。

セタシジミの生育環境は礫《れき》まじりの砂地で水深一〇メートルまでの浅瀬である。琵琶湖のどこにでも生息していた。

瀬田川のシジミ掻きは有名で、長い竹竿の先に掻き網を取り付

▲長い竹竿をテコにして掻き上げる。
◀獲れたシジミ

けた専用の道具で、船の舷をテコにして掻き揚げる。その風景が瀬田川の風物詩になっていた。この瀬田川で取れたシジミを売る行商人が石山近隣には多くいた。夕方、その日取れたセタシジミを漁業組合で仕入れ、一晩水に浸けて砂を吐き出させ、早朝、他の川魚やウナギの蒲焼き、湖魚の佃煮、むき身のシジミをもって石山駅から京都に向かう。勤め人の出勤より一足先に市電やバスを乗り継いで、あらかじめ決めている今日の得意先の家々を回った。殻付きシジミは重く女手で持ち運びできる量は知れたもので、二〇軒も回ればその日の分は売り切れた。セタシジミの最盛期の漁獲量は、地元だけで消費することが難しく大量消費地の京都市民にこうした人たちによって運ばれていた。

しかし、こうした光景も昭和三十五年(一九六〇)頃を境に漁獲量が激減し、現在では魚屋の店頭でセタシジミを見ることはできなくなった。

(長)

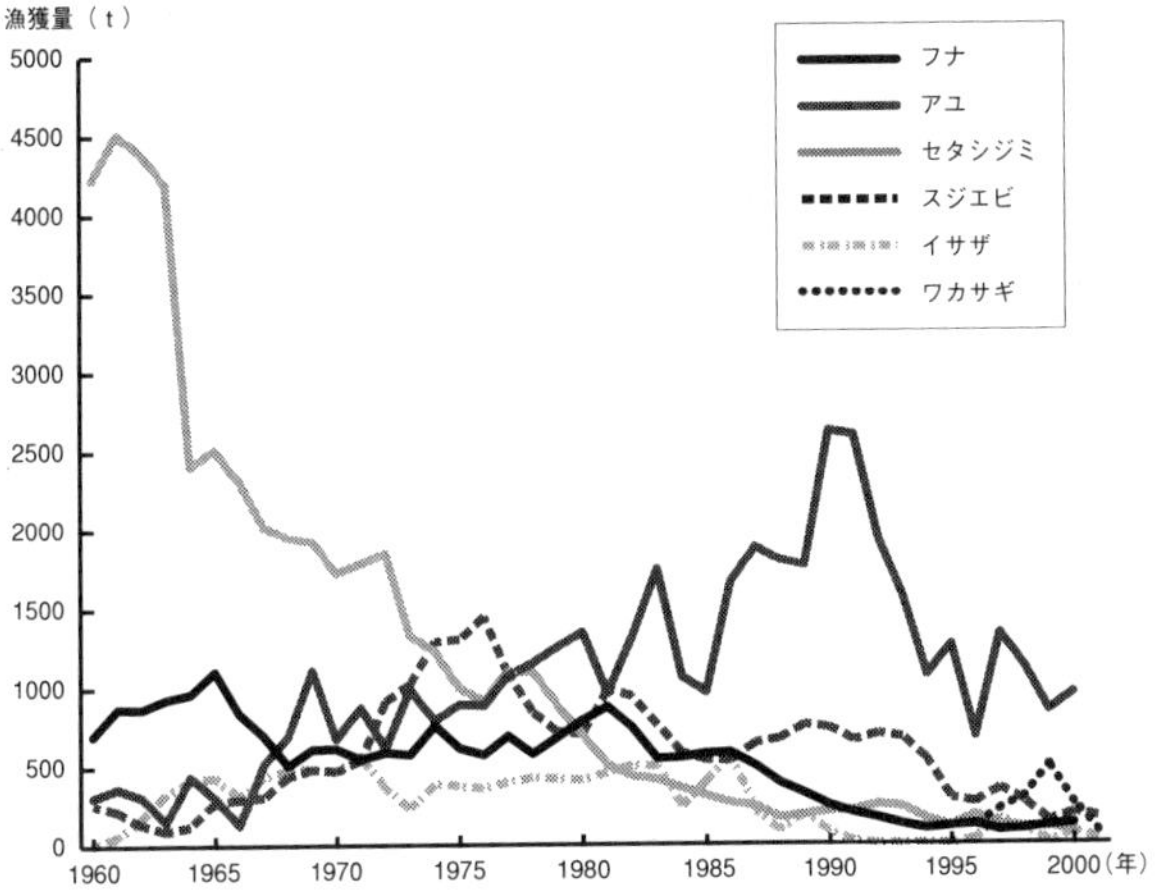

琵琶湖の魚の年間漁獲量の推移（400ｔ以上の漁獲があった魚種）

琵琶湖の漁業は今

琵琶湖の漁業でどれくらいの魚介類が獲れているだろうか。滋賀農林水産統計年報によると二〇〇〇年の琵琶湖での漁獲量は魚介類あわせて二一七四トン、生産額は一五億円あまりであるが、この数値は過去に比べ大幅に減少している。三〇年前の一九七〇年での総漁獲量は六四六三トンと三倍以上あった。

魚種ごとの漁獲量の変化を過去から見てみると、ビワマス、アユのように比較的安定している種とニゴロブナ、ホンモロコ、イサザ、セタシジミなど大幅に減少している種がある。

アユは年魚で、資源が毎年入れ替わるので、前年の産卵状況などで漁獲が不安定であったが、近年は産卵保護や漁獲の制限などで一〇〇〇トン前後の漁獲量を維持している。ビワマスは昭和初期のころは一〇〇トン以上の漁獲があったが、その後は二〇～五〇トン程度を推移している。

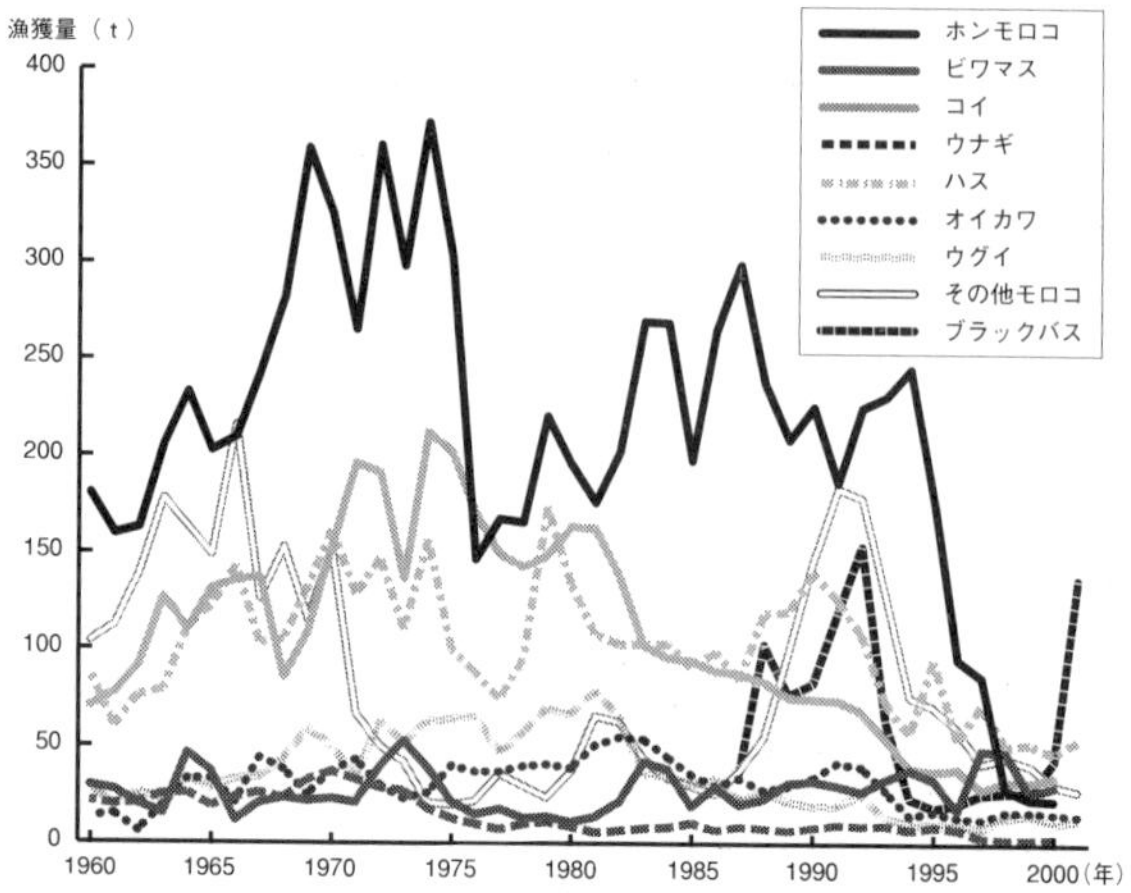

琵琶湖の魚の年間漁獲量の推移（400 t 未満の漁獲の魚種）

ニゴロブナ、ゲンゴロウブナなどのフナ類は一九六五年の一一〇四トンをピークに五〇〇トン以上を維持してきたが、ここ十数年で急激に減少し、一〇〇トン前後しか獲れていない。ホンモロコも三〇〇トン前後の漁獲で安定していたが、フナの減少を追うように二〇トン台まで急激に減ってしまった。イサザはもともと漁獲量が大きく変動する種で、過去にもほとんど見られなくなったり、五〇〇トン以上も獲れたりしていた。一九六三年から三〇年以上も安定して漁獲されていたが、一九九〇年から大きく減少し、若干回復したが依然低いレベルのままである。セタシジミもたいへん減少しており、一九五七年には六〇〇〇トン以上もあった漁獲量が、年々減少を続け、今は一〇〇〇トン程度である。

このように統計から見てもニゴロブナ、ホンモロコ、イサザ、セタシジミなど固有種の減少が目立ち、ワタカ、ギギ、ヒガイ、イケチョウガイなど統計の対象から消えている種もある。逆にオオクチバスやワカサギなどの外来魚が

外来魚オオクチバス（下）とブルーギル（上２匹）

新たに統計にあがるようになった。

このような漁獲統計は、魚が減ったか増えたかの目安として、最も利用しやすいデータであるが、漁具の数や出漁日数が一定でないので、資源量の変化をそのまま表しているのではないことに注意する必要がある。また、統計にあがるのは漁獲対象となっている種が中心で、琵琶湖に生息している五〇種以上の魚すべての増減を検証するには資料がたいへん少ない。「琵琶湖の魚は減っている」と一言でいうのでなく、増えている魚も減っている魚もいること、また漁業や食をとおして人とのつながりがないため、知らぬ間に消えようとしている多くの魚もいることを知ってほしい。

昔と今で沿岸にすむ魚がどのように変化したかを示す、調査データがある。待ちの漁法である定置網でとれる魚の割合は、岸近くにすむ魚の割合をある程度表していると考えられる。そこで一九九八年に守山市地先の赤野井《あかのい》湾奥の内湖で、小型定置網を使っての魚類生息調査と、一九七一年に赤野井湾の定置網でとれた魚のデータと比較した。一九七一年は六科二四種（三九六七尾）の魚がとれ、上位はモツゴ、アユ、タイリクバラタナゴ、ハス、トウ

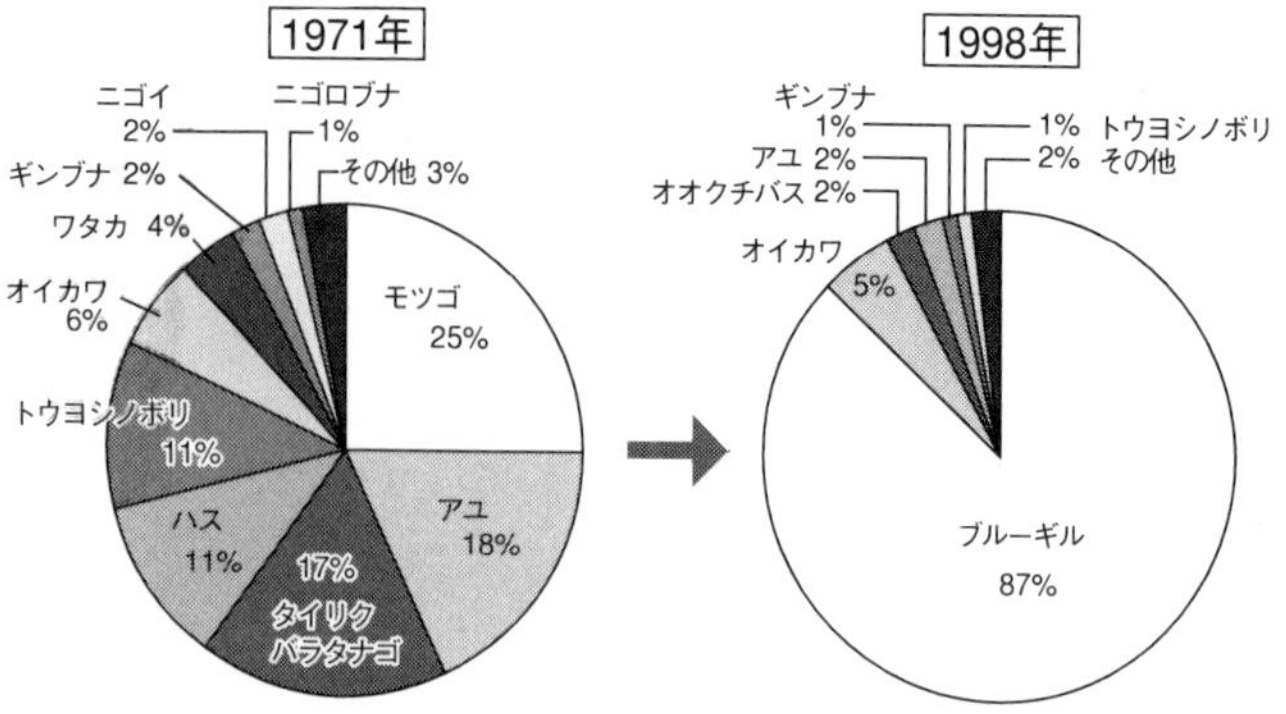

赤野井湾でとれた魚類の割合（尾数）の変化

ヨシノボリ、オイカワ、ワタカと在来魚中心の多様な魚がバランスよく獲れていた。一方、一九九八年は八科二二種（二七七八尾）と種類数では差がないものの、ブルーギル一種が八七％を占め、とれなくなった魚種もいた。

多種多様な琵琶湖の魚ごとに生活の場や産卵生態がちがうため、減った原因は魚種ごとに異なるであろうが、沿岸部を周年の生活の場にしている小型魚や春先に沿岸部で稚魚が産まれ育つ種の近年にみる激減と雑食性のブルーギルの異常繁殖は、魚食性で繁殖力が強いオオクチバスの進入、増殖に端を発しており、その影響は大きいと考えられる。

ボテジャコと呼ばれるタナゴ類をはじめ、モツゴ、ワタカなど沿岸にすむ魚たちは流れ込む有機物やプランクトン、水草などを適度に食べていた。現在これらがいなくなったことが、さまざまな形で琵琶湖の環境悪化を招いているような気がしてならない。水産業は琵琶湖の多様な魚介類により構成される健全な生態系に支えられた産業であり、多様な生物がすみ良い環境に修復することが滋賀県の食文化を次世代に継承することではないだろうか。（桑）

漁師の目から見た琵琶湖

（湖北町尾上・朝日漁協　松岡正富さん）

漁師をやっておりますが、年四回くらいは、ここに住んでてよかったなあと思います。おいしい湖魚を食べた時や、湖上に浮かんで漁をしている時などです。父がずっと漁師をしていましたので、いっしょに漁に出て、魚のこと、漁のことを学びました。漁師は努力だけでは駄目で、魚の動きをとらえる勘というか、素質がものをいいます。漁師の資格は魚が獲れて、酒が飲めることです。

琵琶湖は漁港によって区割りされているわけでなく、どこで魚を獲ってもいいんです。沖島や堅田の人もこの辺りまで来て漁をします。しかし遠出すると、船の燃料を使いますので、水揚げが少ないと割に合いません。尾上沖はいい漁場なので、尾上の人が遠出することはあまりありません。尾上でとる魚は、アユ、エビ、モロコ、ニゴロブナ、ビワマス、イサザ、ワカサギ、セタシジミなど八種類ほどです。

皆さんに魚を食べてもらえるのは、とてもうれしいことです。日本の中で、魚として、よく受け入れられているのはウナギ、サケ、アユですが、淡水魚が二つまで入っています。淡水魚は冷凍がきかないので、ビワマスやコイの刺身が食べられるということは贅沢なことなのです。淡水魚の刺身は、獲れてから三～四時間以内のものですので、最高の美味しさが味わえます。ビワマスの刺身は、マグロのトロ以上です。けれど、ビワマスも以前一〇〇トンとれたのですが、今は一二トンほどです。人口採卵して稚魚を放流しないと維持していけないほどです。ビワマスは冷水性の魚で、ふだんは深い所で生活しています。産卵は湖西のマキノの川を登って産卵します。このビワマスが将来いなくなってしまうことも十分考えられます。

漁師数は、二〇年前は四千人いたのですが、現在は千人を割っています。漁師の数が減ってきたら、これは「琵琶湖に何か異変が起きている」信号です。漁業は現在厳しい状況に置かれています。琵琶湖は大きいお椀みたいなもので、互いにルールを決めてやっていかないと、資源の再生産が追いつきません。

朝四時起きで、二～三時間ほど頑張って漁をしても、月に一〇万いきません。漁獲量が安定せず、油代も出ない時があります。前はアユで食っていけましたが、稼ぎ頭のアユもこのところ芳しくありません。若い人は漁師をめざさず、サラリーマンになっていきます。

逆に他所から若い人が大勢釣りにきますが、魚がかかっても針をはずさず、糸を切って放します。湖岸がテグスだらけになり、漁網にもひっかかります。マナー以前の問題です。外来魚のブラックバス、ブルーギルは、湖に肉食獣を放したみたいなもので、琵琶湖の魚とその卵や稚魚がどんどん食われていってしまいます。最近では、海にしかいないはずのクサフグ、ボラ、サヨリ、ガーパイクなどが琵琶湖で見つかることがあります。ワカサギは琵琶湖にはいなかったのですが、今ではアユ以上に獲れることがあります。

川が汚れていると、琵琶湖はすぐ影響を受けます。野洲川がまっすぐに流れ込むように改修されたら、川ゴミが湖西の対岸まで届くようになってしまいました。湖岸道路も魚の産卵場所を奪ってしまいました。河川改修で堰ができると魚は上流に登れません。富栄養化の進行は、水草の伸びでもわかります。水草は茂っても三〇センチまでだったのが、今は三メートル近くまで伸びます。それが枯れると、家一軒分もあるような巨大なボール状にからまって、漁の邪魔になります。

以前、琵琶湖に異常渇水が起りましたが、その時、琵琶湖の透明度は、ふだんの五メートルほどから倍の一二メートルにまで上がりました。川から濁水や汚水が入ってこなかったので、透明度が増したと考えられます。石ころの表面の苔がとれ、きれいになって、アユ、イサザ、ヨシノボリの卵もうまく産みつけられたようです。この時の経験から、川からの水の流入を改善すれば、琵琶湖が生き返る可能性があるともいえます。

皆さんも「魚になった目線」で、琵琶湖のことを考えてほしいと思っています。たまには船に乗って、琵琶湖の上から、陸や生活を眺めてはどうでしょう。魚たちからのメッセージも聞こえてきます。

（堀）

あとがき

今回は、淡海文庫シリーズ食べ物編として「湖魚と近江のくらし」を探ってみました。「ふなずしの謎」、「お豆さんと近江のくらし」、「くらしを彩る近江の漬物」、「近江の飯・餅・団子」にひき続く、第五弾です。食べ物編は滋賀の食事文化研究会で編集執筆しました。研究会では、滋賀の食事文化を調査記録し、この地域の伝統的な加工・料理法を若い世代に継承していきたいと活動を続けています。

本書は研究会の年報「滋賀の食事文化」に掲載してきた論文や報告、滋賀県（教育委員会文化財保護課）が平成六年から九年にかけて実施した「滋賀県伝統食文化調査」、平成十年から十二年に行われた「滋賀の食文化財調査」に参加して得た成果が盛り込まれています。滋賀県では食文化調査をもとにして、「湖魚のなれずし」「湖魚の佃煮」「日野菜漬け」「丁稚羊羹」「アメノイオ御飯」五点が食文化財として選択されました。会員の多くがこれらの調査に参加できたこと、滋賀の食文化財が誕生したことは、研究会にとって、とてもうれしいことでした。

滋賀県は小さな県ですが、文化的には独特の特徴を持っています。琵琶湖をぐるりと囲んだ山が県境となっていて、ひとつの小宇宙を形成しています。調査では各地をまわりますが、滋賀県はどこへ行っても琵琶湖と関わりがあります。農村部や山村部でも琵琶湖から川をさかのぼってきた湖魚の文化がありますし、湖岸部はとりわけ生活の場そのものが琵琶湖と深く関わってきました。魚貝が食卓の主役で、湖水が飲み水や生活用水になり、水田の灌漑水となりました。滋賀の人々には「いつも琵琶湖を意識して生きてきた」という歴史が感じられます。

　滋賀の食文化は、米どころ、湖魚どころとしての特徴を柱に、ナレズシ発酵文化が高度に発達してきました。隣接する京都、福井、岐阜、三重から大きく影響を受けながらも、滋賀らしさを失っていません。琵琶湖周辺の湖魚食文化は、淡水魚利用の総決算といっていいほど多彩な利用法が確立されており、この地域特有の個性とおもしろさがあります。本書「湖魚と近江のくらし」によって、滋賀の暮しと食文化の真髄に少しでも迫ることができたらと願ってやみません。

　今回も地域の聞き取り調査などでは、たくさんの方々にお世話になりました。平成十二年には滋賀県立琵琶湖博物館で企画展「湖《うみ》の魚《ぎょ》・漁《りょう》・食《しょく》」が開催され、研究会も展示に協力しましたが、共同作業の中から学んだことも多くありました。川那部浩哉館長はじめ館員の皆様に感謝します。またサンライズの岩根順子氏、岸田幸治氏、藤井詳子氏には企画、編集、装幀でたいへんお世話になりました。ここに厚く御礼申し上げます。

堀越昌子

◆参考文献◆

■第一章

秋道智彌『アユと日本人』丸善ライブラリー（一九九二）
石毛直道、ケデス・ラドル『魚醤とナレズシの研究』岩波書店（一九九〇）
倉田享「淡水産物卸・加工業活性化の可能性とその条件」『滋賀県中小企業団体中央会・昭和五十九年度活路開拓調査指導事業報告書』（一九八五）
佐々木高明『日本文化の多重構造』小学館（一九九七）
滋賀県教育委員会『滋賀県の伝統食文化』（一九九八）
滋賀県教育委員会『滋賀の食文化財』（二〇〇一）
滋賀県立琵琶湖博物館『第八回企画展　湖の魚・漁・食　淡海あれこれ商店街』（二〇〇〇）
滋賀県立琵琶湖文化館『琵琶湖の魚と漁具・漁法』（一九八四）
滋賀県立琵琶湖文化館『琵琶湖の魚と漁具・漁法　第2版』滋賀県立琵琶湖博物館（二〇〇〇）
滋賀大学食文化調査研究班報告書『滋賀の伝統的食文化図録』（一九九三）
滋賀大学食文化調査研究班報告書『滋賀の伝統的食文化』（一九九四）
滋賀の食事文化研究会『ふなずしの謎』サンライズ出版（一九九五）
滋賀の食事文化研究会『お豆さんと近江のくらし』サンライズ出版（一九九六）
滋賀の食事文化研究会『滋賀の食事文化』第一号～第一一号（一九九二―二〇〇二）
篠田統『すしの本』柴田書店（一九七〇）
成城大学民俗学研究所『日本の食文化』岩崎美術社（一九九〇）
中尾佐助『栽培植物と農耕の起源』岩波新書（一九六六）
中尾佐助ほか『照葉樹林文化』中央公論社（一九七六）
農山漁村文化協会『日本の食生活全集　聞き書き　滋賀の食事』（一九九一）
橋本鉄男『日本の民俗　滋賀』第一法規出版（一九七二）

舟橋和夫「研究ノート　鮎を語る：簗漁とエリ漁」『龍谷大学社会学部紀要』14（一九九九）
守山市立教育研究所「講座Ⅲ　守山の特色ある生産現場を訪ねる」『郷土の自然と社会に学ぶ研修講座』（二〇〇一）

■第二章

秋庭隆『食材図典』小学館（一九九五）
秋道智彌『アユと日本人』丸善ライブラリー（一九九二）
大津市企画市民部『市制八八周年記念誌大津米寿』（一九八六）
河野友美『コツと科学の調理辞典』第三版、医歯薬出版（二〇〇一）
近畿農政局滋賀統計情報事務所『水産業累年統計書』（一九七九）
滋賀県教育委員会・㈶滋賀県文化財保護協会『粟津湖底遺跡』（一九九二）
滋賀自然環境研究会『滋賀の田園の生き物』サンライズ出版（二〇〇一）
滋賀の食事文化研究会『くらしを彩る近江の漬物』サンライズ出版（一九九八）
滋賀の食事文化研究会『滋賀の食事文化』（一九九九）
農山漁村文化協会『聞き書き　滋賀の食事』（一九九一）
平安学園教育研究会『研究論集』第一号（一九五六）

■第三章

大津市史編纂室『ふるさと大津歴史文庫4　大津の祭』（一九八七）
堅田学区老人クラブ連合会『堅田今昔物語　ふるさとは今』（一九九八）
亀岡市史編さん委員会編『新修亀岡市史』資料編第五巻、亀岡市（一九九八）
喜多村俊夫編『江州堅田漁業資料』アチックミューゼアム（一九四二）
国史大辞典編集委員会編『国史大辞典』吉川弘文館（一九九一）
滋賀県教育委員会編『内湖と河川の漁法』（一九八〇）
滋賀県栗太郡役所『近江栗太郡志』巻四（一九二六）

滋賀県市町村沿革史編纂委員会『滋賀県市町村沿革史』第二巻（一九八八）
滋賀の食事文化研究会編『近江の飯・餅・団子』サンライズ出版（二〇〇〇）
滋賀の食事文化研究会編『くらしを彩る近江の漬物』サンライズ出版（一九九八）
滋賀の食事文化研究会編『ふなずしの謎』サンライズ出版（一九九五）
末広恭雄『魚の博物事典』講談社学術文庫（一九八九）
菅沼晃次郎『民俗文化』第八五号、六一五〜六一七頁、（一九七〇）
橋本鉄男著『琵琶湖の民俗誌』文化出版局（一九八四）
長谷川嘉和「近代の神社祭祀における神饌の統一について」『滋賀の食事文化』第一一号（二〇〇二）
毎日新聞社『「県民性」こだわり比較事典』ＰＨＰ研究所（一九九九）

■第四章

Dyerberg, J. and Bang, H. O.: "Dietary fat and thrombosis." Lancet, 1, 152, 1978
Kromann, N. and Green, A.: "Epidemiological studies in the Upernavik district, Greenland." Acta Med. Scand., 208, 401-406, 1980
石永正隆、松田久美子、田茂井盛子、向井加織、鬼頭誠「女子大生のn—6系およびn—3系多価不飽和脂肪酸の1日摂取量」『日本栄養食糧学会誌』44（一九九一）
科学技術庁資源調査会編『日本食品　脂溶性成分表』（一九九〇）
久保加織「魚脂質の加工・調理による変化」『New Food Industry』44, 23-29,（二〇〇二）
小島朝子・佐藤守・吉中禮二・池田静穂「琵琶湖産コイ科魚類の一般成分組成および脂質の脂肪酸組成」『日本水産学会誌』52（一九八六）
滋賀の食事研究会『滋賀の食事文化』第九号（二〇〇〇）

■第五章

滋賀県水産試験場「赤野井湾および津田江湾の漁場環境　赤野井湾・津田江湾—人造内湖の水理および水質に関する予測調査報告書」人造内湖水理研究協議会（一九七三）

滋賀県農政水産部水産課『滋賀の水産　平成十四年度』（二〇〇二）
滋賀県立琵琶湖博物館『第八回企画展　湖の魚・漁・食～淡海あれこれ商店街』展示解説書（二〇〇〇）
滋賀県立琵琶湖博物館「社会的要因が内湖の生物環境に与える影響　平成十年度琵琶湖博物館共同研究報告書」（一九九八）
滋賀県立琵琶湖文化館『琵琶湖の魚と漁具漁法』（一九八四）

◆協　力◆（敬称略、五十音順）

井上利夫（新旭町深溝）
えり高（草津市北山田町）
太田善二（大津市瀬田）
川瀬澄夫・豊野（びわ町南浜）
北村　勇（守山市木浜町）
木下いと（今津町）
タニムメ水産（大津市長等）
友井　勝（西浅井町菅浦）
中川甚衛（びわ町南浜）
畑　正美（志賀町栗原）
福沢常一（安土町下豊浦）
保智為治（近江八幡市中之庄町）
松岡正富（湖北町尾上）
やまに（近江町世継）

滋賀県水産加工業協同組合
滋賀県立琵琶湖博物館
市立長浜城歴史博物館
高月町広報課
八日市市教育委員会

◆著者略歴◆［五十音順］

著者名（ふりがな）の後の（　）は、著者名の略号である。本文中の執筆担当部分は、各文末に（滋）のように著者名の略号で示した。（編）は小社編集部が担当。

秋永紀子（あきなが・のりこ）（秋）
一九四九年滋賀県高島郡安曇川町生まれ
津市立三重短期大学助教授
滋賀県大津市在住

江頭賀巳（えとう・よしみ）（江）
一九六五年滋賀県高島郡今津町生まれ
「鮎家の郷」勤務
滋賀県高島郡今津町在住

榎　和子（えのき・かずこ）（榎）
一九三九年山口県生まれ
滋賀女子短期大学教授
京都府相楽郡精華町在住

小川久子（おがわ・ひさこ）（小川）
一九四〇年滋賀県滋賀郡志賀町生まれ
元徳島大医学部栄養学科講師（非）管栄
滋賀県大津市在住

長　朔男（おさ・さくお）（長）
一九三九年京都府生まれ
元雇用促進事業団（雇用・能力開発機構）京都職業能力開発促進センター所長
滋賀県草津市在住

粕渕宏昭（かすぶち・ひろあき）（粕）
一九四七年滋賀県坂田郡近江町生まれ
滋賀県立長浜農業高校教諭
滋賀県坂田郡近江町在住

串岡慶子（くしおか・けいこ）（串）
一九四六年石川県金沢市生まれ
滋賀女子短期大学非常勤講師
滋賀県大津市在住

久保加織（くぼ・かおり）（久）
一九六一年三重県生まれ
滋賀大学助教授
大阪市在住

桑村邦彦（くわむら・くにひこ）（桑）
一九六一年京都府京都市生まれ
滋賀県琵琶湖環境部自然保護課
滋賀県大津市在住

小島朝子（こじま・ともこ）（小島）
一九四七年滋賀県蒲生郡安土町生まれ
滋賀女子短期大学教授
滋賀県野洲郡中主町在住

坂本裕子（さかもと・ひろこ）（坂）
一九五三年京都府京都市生まれ
平安女学院大学助教授
京都府城陽市在住

鵜鶴由美子（ささき・ゆみこ）　（鵜）
一九四五年滋賀県蒲生郡安土町生まれ
元大津赤十字病院栄養士
滋賀県東浅井郡湖北町在住

高橋　静子（たかはし・しずこ）　（高橋）
一九四一年滋賀県甲賀郡水口町生まれ
元藤井医院管理栄養士
滋賀県高島郡高島町在住

高正　晴子（たかまさ・はるこ）　（高正）
一九四三年大阪市生まれ
梅花短期大学教授
大阪府豊中市在住

田辺　愛子（たなべ・あいこ）　（田）
一九五二年滋賀県神崎郡能登川町生まれ
近江八幡市立市民保健センター管理栄養士
滋賀県蒲生郡安土町在住

中村　紀子（なかむら・のりこ）　（中）
一九四三年滋賀県長浜市生まれ
湖北農業管理センター
滋賀県長浜市在住

野崎　恵子（のざき・けいこ）　（野）
一九四二年滋賀県愛知郡愛知川町生まれ
元滋賀県生活改良普及員
滋賀県愛知郡愛知川町在住

長谷川嘉和（はせがわ・よしかず）　（長谷川）
一九四六年大阪府高槻市生まれ
滋賀県教育委員会
大阪府高槻市在住

畑　　明美（はた・あけみ）　（畑）
一九三三年岡山県生まれ
元京都府立大学教授
滋賀県大津市在住

肥田　文子（ひだ・あやこ）　（肥）
一九四〇年滋賀県長浜市生まれ
湖北町農村婦人の家勤務
滋賀県東浅井郡湖北町在住

古沢美土梨（ふるさわ・みどり）　（古）
一九四八年坂田郡伊吹町生まれ
長浜クッキングスクール代表
滋賀県調理短期大学校専任指導員
滋賀県坂田郡米原町在住

堀越　昌子（ほりこし・まさこ）　（堀）
一九四六年滋賀県長浜市生まれ
滋賀大学教授
滋賀県大津市在住

松井美智子（まつい・みちこ）　（松）
一九五二年東浅井郡湖北町生まれ
町文化交流センター　パン・和洋菓子教室講師
町特産品大豆かりんとう製造代表
滋賀県東浅井郡湖北町在住

■執筆・編集
滋賀の食事文化研究会
1991年に発足。滋賀県の伝統的食事文化についての学習および調査活動をおこなっている。
編著に『ふなずしの謎』『お豆さんと近江のくらし』『くらしを彩る近江の漬物』『近江の飯・餅・団子』『つくってみよう滋賀の味』『つくってみよう滋賀の味Ⅱ』(小社刊)。

湖魚《こぎょ》と近江《おうみ》のくらし　淡海《おうみ》文庫28

2003年6月30日　初版1刷発行
2013年4月20日　初版3刷発行

企　画／淡海文化を育てる会
編　者／滋賀の食事文化研究会
発行者／岩　根　順　子
発行所／サンライズ出版
滋賀県彦根市鳥居本町655-1
☎0749-22-0627　〒522-0004
印　刷／サンライズ出版株式会社

ISBN978-4-88325-138-4

淡海文庫について

「近江」とは大和の都に近い大きな淡水の海という意味の「近（ちかつ）淡海」から転化したもので、その名称は「古事記」にみられます。今、私たちの住むこの土地の文化を語るとき、「近江」でなく、「淡海」の文化を考えようとする機運があります。

これは、まさに滋賀の熱きメッセージを自分の言葉で語りかけようとするものであると思います。

豊かな自然の中での生活、先人たちが築いてきた質の高い伝統や文化を、今の時代に生きるわたしたちの言葉で語り、新しい価値を生み出し、次の世代へ引き継いでいくことを目指し、感動を形に、そして、さらに新たな感動を創りだしていくことを目的として「淡海文庫」の刊行を企画しました。

自然の恵みに感謝し、築き上げられてきた歴史や伝統文化をみつめつつ、今日の湖国を考え、新しい明日の文化を創るための展開が生まれることを願って一冊一冊を丹念に編んでいきたいと思います。

一九九四年四月一日